新时代背景下高校课程思政与思政课程育人体系建设研究

孙来晶　著

北方妇女儿童出版社
·长春·

图书在版编目（CIP）数据

新时代背景下高校课程思政与思政课程育人体系建设研究 / 孙来晶著. -- 长春 : 北方妇女儿童出版社, 2022.1

ISBN 978-7-5585-6323-2

Ⅰ. ①新... Ⅱ. ①孙... Ⅲ. ①高等学校－思想政治教育－研究－中国 Ⅳ. ①G641

中国版本图书馆CIP数据核字(2021)第274105号

新时代背景下高校课程思政与思政课程育人体系建设研究

XIN SHIDAI BEIJING XIA GAOXIAO KECHENG SIZHENG YU SIZHENG KECHENG YUREN TIXI JIANSHE YANJIU

出 版 人　师晓晖
责任编辑　宋丹妮
装帧设计　王一然
封面绘画　秦　风
开　　本　787mm×1092mm　1/16
印　　张　8.75
字　　数　191千字
版　　次　2022年1月第1版
印　　次　2022年1月第1次印刷
印　　刷　北京宝莲鸿图科技有限公司
出　　版　北方妇女儿童出版社
发　　行　北方妇女儿童出版社
地　　址　长春市福祉大路 5788号
电　　话　总编办：0431-81629600

定　　价　56.00 元

前 言

高校思政课程与课程思政是加强大学生思想政治教育的主阵地，也是落实高校“立德树人”根本任务的主要途径。本书结合“三全育人”综合改革工作要求，介绍育人体系的发展，分析当前协同育人体系存在的问题，尝试通过建立评价反馈机制、建构协同育人内容和提高教师思政教育素质等方面来加强协同育人功能，探索出一条适合高校协同育人体系的有效途径。

思政课程由经过思想政治教育专业训练的思政教师担任，课程内容系统而全面。但转向课程思政时，专业课教师需要在有限的时间内既保证教授专业知识，又保证思想教育内容富有成效，这对教师的知识储备和教学设计等各项能力都有很高的要求。同时，在课程思政的开展过程中，思想政治教育内容是碎片化的，缺乏系统性和连贯性，这对高校教师来说是很大的挑战。并且，在部分高校的课程设计体系中，课程思政和思政课程是两个独立的体系，这会导致学生和教师形成思政是思政课程的事情、专业知识是专业课程的事情的认知。专业课程以传授专业理论知识为最重要的目的，而思想政治的元素或内容只作为基础和相伴随的因素出现，这两者协同发展是比较难以掌握的。

思政课程与课程思政协同育人是一种教育理念、教育体制、教育方法的改革和创新，既需要自上而下的体制创新，也需要广大教育工作者凝心聚力，共同努力。按照习近平总书记重要讲话精神，高校要紧扣思想政治理论教育改革发展面临的主要矛盾，以协同育人体系的构建作为推动思想政治理论教育改革的切入点，坚持深化教育改革创新，梳理总结课程思政与思政课程之间关系的有效方法。尽管在推进的过程中会面临一些困难，但只要我们立足于习近平新时代中国特色社会主义思想，心怀远大理想，担当时代重任，把握时代特色，充分利用新手段、新技术、新方法，着力推进思政课程与课程思政的深入改革，必将加快推进立德树人目标任务的落实。

目 录

第一章　新时代背景下高校课程思政理论研究

第一节　高校思想政治理论课教学重要论述

高校思想政治理论课教学的重要论述，对高校思想政治理论课教学的发展和创新具有重要价值。这些重要论述进一步确立和巩固了高校思想政治理论课的教学地位；进一步充实和凝练了高校思想政治理论课的教学内容；进一步归纳和整合了高校思想政治理论课的教学方法；进一步强调和关注了高校思想政治理论课的教师素质。这些重要论述是我们进一步深化高校思想政治理论课教学发展与改革的科学指南及根本遵循。

在全国宣传思想政治工作会议、全国高校思想政治工作会议、全国教育大会等一系列重要会议精神内容中，多次涉及高校思想政治教育问题，且观点鲜明、内涵丰富、说理透彻，为高校思想政治理论课教学的创新发展提供了实践指导。特别是 2019 年 3 月 18 日学校思想政治理论课教师座谈会上，突出强调思想政治理论课作为高校立德树人的关键课程，要从根本上落实党的教育方针，解决好培养什么人、怎样培养人、为谁培养人的根本问题，充分体现了我国新时期新阶段对高校思想政治理论课的重要地位和关键内容的重要论断。纵观这些论述，它们的重要价值主要体现在以下几个方面。

一、进一步确立和巩固了高校思想政治理论课的教学地位

在新的社会历史背景下，面对世情、国情、党情的深刻变化，我国社会发展已进入新的历史时期，社会主要矛盾也发生了深刻转变，人们的思想问题层出不穷，思想政治教育的地位和作用日益凸显出来，而高校作为培养人才和主流价值观念倡导的主阵地，高校思想政治理论课教学地位尤为突出。高校思想政治理论课，最根本的就是要全面贯彻落实党的教育方针，深刻地揭示出高校思想政治理论课对培养社会主义建设者、接班人的重要性，也诠释出高校思想政治理论课教学的关键任务和重要目标。

思想政治理论课作为实现高校立德树人根本目标的关键课程，也是新时代背景下铸魂育人的重要课程。因此，面对当前国内外发展局势，多种社会思潮、思想文化纷繁复杂，互联网络飞速发展，不断冲击和解构马克思主义的指导地位，同时也影响着青年学生价值观的确立，我们必须立足中华民族的千秋伟业和中国特色社会主义事业的长远发展，理直

气壮地办好思想政治理论课，坚持马克思主义理论的指导地位，坚持社会主义核心价值观，发扬社会主义先进文化，引导学生增强“四个自信”意识，激励学生把爱国情、强国志自觉融入建设社会主义现代化强国的实践之中，为中国梦的实现注入青春活力。这有利于我们从更加宏观、更加长远、更加广阔的视角认识思想政治理论课教学的地位和作用，使之成为具有中国特色社会主义的骨干课程。

二、进一步充实和凝练了高校思想政治理论课的教学内容

在高校思想政治理论课教学过程中，教学内容对思想政治理论课的教学效果起着至关重要的作用。学校思想政治理论课教师座谈会上指出，为了更好地推动思想政治理论课改革与创新，需要不断提高思政课的思想性、理论性和亲和力、针对性。坚持政治性与学理性相统一，用透彻的学理分析引导学生，用彻底的思想理论教育学生，用真理的强大力量引导学生。坚持价值性与知识性相统一，寓价值观引导于知识传授之中。坚持建设性与批判性相统一，强化主流意识形态，批判各种错误观点和思潮，充分体现了丰富思想政治理论课教学内容对其科学性、针对性、时代性的要求。

（一）思想政治理论课教学内容要以马克思主义理论为指导思想和理论基础

一段时间以来，因外部社会环境的影响，部分党员及任课教师放松了对马克思主义理论的学习，也放松了对青年学生马克思主义理论内容的教育，导致部分青年学生思想上出现困惑及混淆，而改善这些现象的重要途径，就是不断加强马克思主义理论教育，通过不断学习和掌握马克思主义的立场、观点、理论及方法，引导青年学生将课堂教学内容融入现实生活中。党的思想政治教育取得成功的关键是“坚持不懈传播马克思主义理论，抓好马克思主义理论教育，为学生一生成长奠定科学的思想基础”。在丰富和发展高校思想政治理论课教学内容时，中国共产党始终坚持以马克思主义和马克思主义中国化的理论成果为导向，确保其在内容体系中的核心作用和导向作用。在教学实践中，把马克思主义理论作为高校思想政治理论课教学的重要内容，就必须加强马克思主义对青年学生三观的影响作用。

（二）高校思想政治理论课教学内容要以社会主义核心价值观作为重要支撑

“核心价值观，承载着一个民族、一个国家的精神追求，体现着一个社会评判是非曲直的价值标准。”随着各国经济和文化实力的竞争，国家间意识形态的激烈碰撞，西方意识形态和价值观念流入中国，对我国主流意识形态形成威胁；此外，随着全球化浪潮的强烈冲击，市场经济发展面临的困境、互联网时代的价值挑战，以及多元文化交织引发的价值选择困惑，使得社会主义核心价值观的作用日益凸显。因此，要迎接这些挑战和解决学生的困惑，高校思想政治理论课就要加强社会主义核心价值观内容的教育。要“用社会主义核心价值观教育学生，引导他们扣好人生的第一粒扣子”。要把社会主义核心价值观作

为思政课教学的红线和主线，不仅夯实和创新高校思想政治理论课的教学内容，同时也深化大学生思想政治教育的理论建构，使其内化于心、外化于行，成为其衡量自我社会行为的标准，在学生内心形成坚定的理想信仰，从而推动整个社会精神文明水准的提高。

（三）思想政治理论课教学内容必须具有时代性、亲和力和针对性

“发展21世纪马克思主义、当代中国马克思主义，必须立足中国、放眼世界，保持与时俱进的理论品格。”与时俱进是马克思主义理论的重要品质，随着改革的不断深入和社会实践的发展，思想政治理论课教学内容必须与时代发展紧密相连，需要将马克思主义中国化的最新成果融入思政课教学内容中，使教学内容体现时代主题，展现时代精神，构建一整套真正反映新时代思政课最新研究成果的教材体系。用马克思主义中国化的最新理论成果诠释社会热点和痛点，回答学生关注的理论难点和社会焦点等问题，激发学生的时代责任感和与时俱进的精神，使思想政治理论课教学既彰显思想性又体现时代性，既突出严肃性又展现活泼性，从而培养有时代担当的社会新人。

三、进一步归纳和整合了高校思想政治理论课的教学方法

教学方法是高校思想政治理论课常谈常新的问题，思想政治理论课教学必须遵循思想政治工作规律、教书育人规律、学生成长规律，才能实现因事而化、因时而进、因势而新的目标。

（一）道德文化熏陶法

在教学实践中，教育者可深入挖掘优秀传统文化，引经据典，合理运用《论语》《道德经》以及优秀典籍著作丰富思想政治理论课的内容；还可以利用古代先贤圣人事迹，借助漫画、歌剧、话剧、戏曲等形式多样的文化形式，以及现代互联网、移动媒体等人们喜闻乐见的方式丰富思想政治理论课的教学方法和形式，达到以文化人、以文育人的教育效果。思想政治理论课教学应扎根传统文化和历史发展故事，从传统的道德文化中寻找答案，从而使青年学生见贤思齐，在道德文化的感召下受到潜移默化的熏陶和感染。同时应善于把弘扬优秀传统文化与创新发展现实文化有机统一起来，紧密结合，努力实现在继承中发展，在发展中继承的重要目标。

（二）读书学习法与实践教育法相结合

读书学习的方法能够帮助受教育者掌握先进的理论与思想，接受理论思想的熏陶与洗礼；实践教育法则可以使受教育者把先进的理论思想，转化为实践行动及物质力量，从而提高受教育者的教育水平和文化自信。首先，教育者应当在思想政治理论课教学过程中，激发受教育者的读书积极性，使其感受到读书的乐趣，并通过读书分享会等实践方式，分享读书心得、推荐优秀读物，让青年学生在读书学习的过程中掌握社会发展规律、社会发

展动态以及党的政策方针和相关内容。其次，思想政治理论课教学方法还需要把握实践教学的重要地位。“一切学习都不是为学而学，学习的目的全在于应用。”学习要做到“内化于心、外化于行”，在实践中求真知、悟真谛。

（三）显性教育与隐性教育相结合的方法

显性教育和隐性教育在思想政治理论课教学中的作用是极其重要的。显性教育方式多呈现外显性、直接性、组织性和计划性，隐性教育方式多呈现间接性、隐蔽性和灵活性等特点。思想政治理论课教学应该从改革创新的角度，挖掘其他课程和教学方式中蕴含的思想政治教育资源，将主渠道教学与其他日常思想政治教育相结合，思政课程和课程思政相一致，课堂内外、线上线下相融通，形成合力教育教学的良好局面。同时，在教学过程中，思政课教学需通过战略性的布局和规划、具体的教学设计，切实加强和提高隐性教育的“比例”，让学生在“无意识”中接受教育。高校应把立德树人作为中心环节，利用好课堂教学的主渠道，坚持使思想政治理论课在改进中加强，提升思想政治教育的亲和力、针对性，从而更好地满足学生成长发展的需求与期待。

四、进一步强调和关注了高校思想政治理论课的教师素质

思想政治理论课教师座谈会上强调，思想政治理论课的发展，关键在教师，应当充分发挥教师的积极性、主动性及创造性。用“可信、可敬、可靠，乐为、敢为、有为”肯定了思想政治理论课教师队伍，又提出了思政课教师“政治要强”“情怀要深”“思维要新”“视野要广”“自律要严”“人格要正”的六点要求。当前，要重点关注思政理论课教师以下三个方面的素质。

（一）守正

科学推进马克思主义理论教育，真正让高校思政课教学“实”起来。高校思想政治理论课作为大学生掌握和学习马克思主义理论教育的主渠道，以及落实立德树人的核心课程，始终聚焦认知、能力和情感三维育人目标，高校思政课教师要坚持马克思主义理论的主导思想，全面贯彻党的教育方针，传播马克思主义科学理论，做好马克思主义教育工作。做好这一切的前提就是教师自己要真学、真懂、真信、真用马克思主义。同时，广大思政课教师在教学工作中，还要以马克思主义理论研究和建设工程统编教材为基本指针，根据学生的不同特点，以个性化的风格，引导学生从理论学术层面去探究教材中的系列问题，通过批判性和建设性的学术思维锻炼，引导学生认同教材的重点判断与命题，进而使学生从更深层次的理论内涵中把握教材内容，从而达到对理论体系的系统建构。教师要敢于和善于打破框架、汇聚新意、挖掘亮点，运用更多接地气、贴近学生的方式来传授马克思主义理论知识，对于历史虚无主义、极端个人主义、文化复古主义等错误观点、错误思潮的影响，思政课教师必须深刻剖析和批判，引导学生坚定理想信念、确立正确的价值观念。

（二）创新

思政课教学要坚持“八个相统一”，不断增强思政课的思想性、理论性、亲和力和针对性。因此，思政课教师要按照创新发展的总要求，了解学生的所思所想，运用辩证唯物主义和历史唯物主义的思想，创新课堂教学。教师应当准确把握学生的思想共鸣点、情感出发点、理论渴望点、学习困惑点，推进教学方法和教学方式的双重创新。思政课教师要充分利用现代教学方法，综合运用研究式、辩论式、实践式等教学方法，把历史观、价值观、国情观、现实观等有机融合在课堂教学实践中，积极调动广大学生学习思政课的兴趣和热情。教师要善于运用互联网和大数据网络手段，丰富线上线下教育渠道和教育载体，将传统教育方式同信息技术高度融合，建设时时处处触手可及的网络空间教育，增强思政课堂的时代感和吸引力，使得学生真正有所思、有所获。

（三）自强

切实推进思政课教师队伍建设，让高校思政课教学真正“强”起来。而要想让思政课强起来，首先思政课教师自身必须强起来。思想政治理论课教师是高校教师队伍中的一支重要力量，是思政课教学目标和教学效果实现优化目标的人才保障，是马克思主义理论知识的传授者、信仰的引领者，以及思想疑惑的解答者，是党最新理论思想、方针政策的宣讲者，是大学生健康成长的指导者和引路人。

教师队伍的强大和素质的提升对思政课教学质量的提高起着至关重要的作用，因此，思政课教师队伍应当具备过硬的马克思主义理论素养，以坚定的政治立场、高尚的师德师风、娴熟的育德能力严格要求自己。各高校也要以新时代指导思想为引领，打造一支“又红又专”的高校思政课教师队伍，注重汇聚一流的人才资源，形成马克思主义理论学科可持续发展的澎湃动力，实现高校思想政治理论课教学“强效”目标。

第二节　劳模精神与高校思想政治理论课教学

高校是对大学生进行马克思主义意识形态教育的主阵地。各行各业中涌现出的劳动模范是时代领跑者，是全社会学习的楷模。劳动模范身上体现出来的精神，代表着时代的价值观、道德观和精神风貌，展示了中华民族顽强拼搏、自强不息的崇高品格，体现了我们伟大的民族能够与时俱进、开拓创新的精神风貌。将劳模精神贯穿于高校思想政治理论课教学之中，是对大学生进行社会主义核心价值观教育的必然要求。

一、劳模精神在高校思想政治理论课教学中的价值

在中国共产党领导人民进行社会主义建设实践的各个时期，涌现了大批的劳动楷模，被党和政府授予“劳动模范”的荣誉称号。这些劳动模范用自己的辛勤劳动在平凡的岗位

上创造出不平凡的业绩，成为全社会学习的道德榜样。道德榜样在社会主义核心价值观建设中具有非常重要的价值。

党的十八大以来，习近平总书记对中国高等教育的发展和高校思想政治教育工作高度重视，发表了一系列重要论述。在 2016 年 12 月 7 日至 8 日召开的全国高校思想政治工作会议上，习近平总书记发表重要讲话。他强调，高校思想政治工作关系高校培养什么样的人、如何培养人以及为谁培养人这个根本问题。要坚持把立德树人作为中心环节，把思想政治工作贯穿教育教学全过程，实现全程育人、全方位育人，努力开创我国高等教育事业发展新局面。习近平总书记对高校思想政治工作的一系列重要论述是对思想政治教育，特别是理想信念教育、爱国主义教育话语体系的丰富和创新，给人力量，鼓舞人心。百年大计，教育为本。教育是立国之本，是民族振兴的基础。一个国家有没有发展潜力看的是教育，这个国家富不富强看的也是教育。高校的教育对象是正处于人生观、价值观形成关键期的大学生，高校的教育工作者特别是高校教师要高度重视思想政治教育，充分发挥教育的育人功能，坚持教育为社会主义现代化建设服务、为人民服务，把立德树人作为教育的根本任务，全面实施素质教育，培养德、智、体、美、劳全面发展的社会主义建设者和接班人，努力办好人民满意的教育。

高校思想政治理论课是高校思想政治理论工作的主阵地，思想政治理论教师肩负着重要的历史使命。在思想政治理论教学中，广大教师要用自己坚定的政治立场，始终维护祖国统一和民族团结，努力增强大学生思想政治理论课教学的针对性和实效性；要不断地将弘扬社会主义核心价值观作为教育的重点，将各个时期涌现出的劳模精神贯穿于思想政治理论课教学之中。在高校思想政治理论课程体系中，思想道德修养与法律基础是对大学生进行思想道德修养和法律基础知识教育的一门必修课程。通过该课程的教学，帮助学生逐步形成高尚的道德情操，树立正确的人生观、价值观、道德观和法制观，增强社会主义法制观念，提高思想道德素质，树立体现中华民族道德传统和时代精神的价值标准和行为规范，注重从自身做起，从小事做起，努力把自己培养成为有理想、有道德、有文化、有纪律的一代新人。习近平总书记称赞劳动模范是民族的精英、人民的楷模，并指出："长期以来，广大劳模以平凡的劳动创造了不平凡的业绩，铸就了'爱岗敬业、争创一流，艰苦奋斗、勇于创新，淡泊名利、甘于奉献'的劳模精神，丰富了民族精神和时代精神的内涵，是我们极为宝贵的精神财富。"劳模精神升华了劳动者热爱劳动的朴素情感，凝聚了劳动者建设社会的向心力量，鼓舞了全体劳动者奋发向上的劳动热情，因此，劳模精神与思想道德修养与法律基础课的教学目的和教学内容高度契合。

二、树立正确的劳动观——将劳模精神贯穿于高校思想政治理论课教学的预期目标

习近平总书记深刻阐述了马克思主义的劳动观，他指出："人民创造历史，劳动开创

未来。劳动是推动人类社会进步的根本力量。”“必须牢固树立劳动最光荣、劳动最崇高、劳动最伟大、劳动最美丽的观念，让全体人民进一步焕发劳动热情、释放创造潜能，通过劳动创造更加美好的生活。”作为高校思想政治理论课教师，怎么帮助大学生树立马克思主义的劳动观，是我们每一个人应当思考的问题。通过对一些大学生的劳动观进行问卷调查，发现当代大学生在劳动观方面存在劳动意识淡薄、劳动习惯差，对体力劳动与体力劳动者的认识存在偏差，不尊重他人的劳动成果，崇拜物质、渴望不劳而获等问题。这些问题若不能得到妥善解决，不仅会影响个人的成才与发展，也不利于社会与国家的进步与繁荣。所以，我们必须始终把帮助大学生树立正确的劳动观摆在重要的位置。劳动模范一个个鲜活的事例和劳模精神表现出的示范张力，对当代大学生具有巨大的震撼作用。在教学中充分运用这些教育元素可以实现帮助大学生树立马克思主义劳动观的预期目标。

三、将劳模精神贯穿于高校思想政治理论课教学中的途径

在高校思想政治理论课教学中，我们要创新教学手段，利用多种教学方法吸引学生，让劳模形象根植于心，让劳模精神外化于行。

（一）请道德模范人物走进课堂

大学生最易受模范人物先进事迹的感染，请道德模范人物走进课堂现身说法，可以迅速引起大学生的情感共鸣，取得较好的教育教学效果。2003 年 2 月 24 日，新疆伽师县和巴楚县发生里氏 6.8 级强烈地震。地震发生后，笔者所在的喀什大学（以下简称我校）选派了十余名教工前往灾情最重的巴楚县琼库恰克乡参加救援，在救援中涌现了众多先进个人。我们将这些先进个人请进课堂，让他们为学生讲述抗震救灾中可歌可泣的壮举，使大学生感受到社会主义大家庭一方有难、八方支援的温暖，真切体会到社会主义制度的优越性。为使思想政治理论课教学更加感人，在大学生中发挥先进人物典型的引领作用，我校邀请了自治区道德模范人物走进课堂。如我们请荣获“自治区第五次民族团结进步模范个人”“喀什地区民族团结进步模范标兵”等多项称号的学生工作部学生科的昆都孜·乃素肉拉老师深入课堂与学生进行座谈交流。昆都孜老师首先讲述了自己自 2002 年以来资助 100 多名贫困大学生的原因、经历和感受。其次，昆都孜老师分析了我校大学生成长成才的外部环境和校园环境。昆都孜老师说国家对新疆的政策是历史上最好的政策，同学们为昆都孜老师朴质的话语、高尚的情感、崇高的思想、伟大的人生经历所感动，不时报以热烈的掌声。最后昆都孜老师希望同学们有什么经济困难和心理困惑尽管找她，她会以热忱的服务、诚挚的情感、实际的行动来解决学生的问题和困难。座谈结束时，同学们都纷纷表示要以昆都孜老师为榜样，好好学习，勇于实践，积极投身中国特色社会主义伟大事业之中。

此外，我校还开展了长征故事报告会活动，邀请老战士、老同志、老模范为师生讲述长征历史；组织教授宣讲团成员深入校内外基层单位，开展长征精神的主题宣讲活动；在

思想政治理论课教学中，融入长征精神的主题内容，在广大师生中弘扬爱国主义精神、唱响爱国主义主旋律。

（二）通过观看影视作品，感受劳模精神

影视作品在思想政治理论课教学中具有重要作用。影视作品在内容上有助于化僵硬晦涩为生动通俗，增强教学的实效性；在形式上从静态文字到动态图像，增强教学的多样性；在对象上从被动灌输到主动参与，凸显教学的双向性；在手段上从话语霸权到和谐共生，体现教学的灵活性。为彰显社会的和谐、友爱、诚信，我们通过组织观看阿尼帕大妈收养各族孤儿的故事影片《真爱》，讴歌人间的真、善、美；观看《冰山上的来客》《丝绸之路传奇》等优秀影片，歌颂各族人民学习的楷模。故事继承着过去，记录着现实，启迪着未来。讲好中国故事，弘扬中国精神，传播中国声音，凝聚中国力量，在当前具有十分重要的意义。结合教学内容，我们组织观看了励志影片《奋斗》，并且要求大学生写出观后感，很多同学都写下了树立人生坚定信念，立志做一个有理想、有抱负、有追求的青年的深切感受。

（三）利用参观考察，学习宣传党中央治国理政新理念新思想新战略

利用参观考察的机会，帮助大学生了解我国改革开放以来取得的巨大建设成就，使他们充分理解中国特色社会主义理论的科学内涵，进一步推进习近平总书记系列重要讲话精神和治国理政新理念新思想新战略进教材、进课堂、进头脑。我们要发挥思想政治理论课的主渠道作用，加强对思想政治理论课教师的培训指导，强化思想性要求，重视内容创新，贴近当前形势，鼓励引导广大教师主动编写相关教材，增强课堂教学的实效性；要积极参与全国大学生网络党校开设的专题辅导培训，聆听名师名家谈党中央治国理政新理念新思想新战略；要加强课程育人，积极参加国家教育资源公共服务平台组织开展的学科德育精品课程资源征集展示活动。

总之，通过实践教学活动，调动了大学生的学习积极性，增强了他们对思想政治理论课的认同感，从而树立起远大理想，为建设中国特色社会主义事业努力学知识、长本领。

第三节　提高高校思想政治理论课教学质量的路径

党的十八大以来，我国高校思想政治理论课的教学质量稳步提升，取得了丰硕的成果，积累了很多宝贵的经验。但高校思想政治理论课的教学质量还有待进一步优化，这是中国特色社会主义新时代的必然要求。高校思想政治理论课的建设，应更好地实现理论讲授与实践教学的统一、实体课堂与网络课堂的贯通、教师领导学与学生自学的互动、思政课程与课程思政的协同，这是提高高校思想政治理论课教学质量的重要途径。

高校思想政治理论课，是我国高校落实立德树人任务的关键课程，是我国意识形态教育与宣传的重要渠道和主要阵地，是维护国家安全的重要保障。优质的高校思想政治理论课，能为培养德、智、体、美、劳全面发展的社会主义建设者和接班人保驾护航，能为当代大学生树立中国特色社会主义道路自信、理论自信、文化自信和制度自信提供强大的精神动力。不断提升我国高校思想政治理论课的教学质量，已经成为中国特色社会主义新时代的必然要求。党的十八大以来，全国各高校为优化高校思想政治理论教学质量进行了广泛而深入的探索和研究，积累了很多宝贵的经验和成果。根据党中央对高校思想政治理论课的要求，结合我国高校思想政治理论课的教学实践，我们可以着力从以下几个方面来提高高校思想政治理论课的教学质量。

一、理论讲授与实践教学的统一

讲好高校思想政治理论课的教学内容，要以理论教学为主，实践教学为辅，实现理论教学与实践教学的有机统一。

（一）晓之以理，提高理论讲授的说服力

“理论只要说服人，就能掌握群众；而理论只要彻底，就能说服人。”全面、深刻而准确地理解教材所呈现的教学内容，是高校思政课教师讲好思政课的首要前提。自“05新方案”实施以来，高校思政课教材已经进行了多次修订，内容不断更新。教师要想准确理解教材，必须在研读教材的基础上阅读与教材有关的马克思主义经典著作。比如，对于马克思主义基本原理概论这门课程，任课教师要着重阅读马克思、恩格斯、列宁和斯大林的相关著作。对于毛泽东思想和中国特色社会主义理论体系概论这门课程，任课教师要着重阅读《毛泽东选集》《邓小平文选》《江泽民文选》《胡锦涛文选》《习近平谈治国理政》等相关著作。高校思想政治理论课教师，只有研读教材和相关原著，才有可能从学理的层面讲清楚教材中的重点和难点。比如，要想讲清楚经济基础这一概念，就需要阅读《〈政治经济学批判〉序言》和《资本论》等相关原著，从不同的角度讲清楚何为“生产关系的总和”。高校思想政治理论课教师不仅要能从学理层面讲清楚教学内容的理论逻辑、历史逻辑和实践逻辑，而且必须把这些内容与当代中国的国情和实际紧密地结合起来。这种结合既能阐释教学内容本身，又能增强理论讲授的说服力。比如，在讲授生产力与生产关系、经济基础和上层建筑之间关系的时候，要立足于历史与现实，从学理上阐明人类社会发展的规律，又要运用这一原理说明全面深化改革的必要性。再如，讲授中国特色社会主义进入新时代这一知识点时，要通过具体的案例和相关统计数据，说明党的十八大以来的历史性变革和历史性成就，根据历史沿革和生活实际，分析我国社会主要矛盾的变化，阐明为什么中国特色社会主义进入新时代，进而讲清楚其内涵与意义。高校思想政治理论课教师还应学习和研究历史。缺少历史的思维，是很难把一些司空见惯的教学内容讲清楚的。比如讲授我国民族区域自治制度的时候，就要弄清楚我国自古以来就是统一的多民族

国家，懂得中华民族近代以来反抗外来侵略斗争的历史，明白我国人口分布格局的形成过程。这是讲清楚我国为什么确立民族区域自治制度的必要条件。作为高校思想政治理论课教师，要以马克思主义理论为根本，以历史思维为基础，以全球视野通古今之变，能在学贯中西中，纵横开阖地讲好教学内容。

（二）因地制宜，开展丰富多彩的实践教学

实践教学是通过社会实践来开展思想政治教育的教学活动。与理论讲授相比，实践教学具有鲜明的直观性、广泛的参与性、真切的体验性。通过实践教学，能够激发大学生对马克思主义理论的学习兴趣，深化大学生对马克思主义理论的理性认识，增强大学生对马克思主义理论的情感认同，坚定大学生对马克思主义理论的理想信念。近年来，我国高校在实践教学方面形成了百花齐放的繁荣景象，出现了拍摄微电影、读书会、参观、调研、唱红歌等多种实践教学方式，取得了丰硕的成果，为我们进一步提升实践教学的实效性提供了宝贵的经验。开展实践教学，要根据各校的实际情况来进行，充分利用当地的资源，创造各具特色的实践教学方式。对于周边有着丰富红色教育资源和相关博物馆的高校，可以通过参观学习开展实践教学。对于那些办学条件较好的高校，可以开展以拍摄微电影为代表的难度较大的实践教学活动，也可以通过组织学生听取相关的学术报告，深化和拓宽学生对马克思主义理论的理解和认识。对于艺术类院校可以通过歌唱、舞蹈、绘画、话剧、歌剧等文艺表演的形式开展实践教学。对于那些办学条件相对不足的高校，可以观看《厉害了，我的国》《这就是中国》《百年潮·中国梦》《我们一起走过——致敬改革开放四十周年》《正道沧桑——社会主义五百年》等优质视频，也可通过周边实地考察和网络调查的方式开展实践教学。总之，实践教学没有固定的方式，要根据具体情况进行分析和研究。但实践教学作为理论教学的重要补充和辅助形式，不能喧宾夺主，不能脱离教学内容，游离于马克思主义理论之外，要以教学内容为中心，选择适当的实践教学形式，促进感性认识与理性认识的良性互动，进而实现理论教学与实践教学的有机统一。

二、实体课堂与网络课堂的贯通

随着我国信息化程度的不断提高，我国高校思想政治理论课，既面临着新的挑战，也面临着新的机遇。高校思想政治理论课要在继往开来的过程中不断推进其现代化进程。

（一）薪火相传，展现实体课堂的魅力

近年来，随着信息技术在高等教育领域的广泛应用，涌现了以网络为载体的新的教学形式。那么，网络思想政治教育能否代替实体课堂呢？网络思想政治教育作为新的教学形式，虽然它有自身的优势，但不能完全代替实体课堂。原因主要有三点：一是网络思想政治教育与受教育者之间往往处于不同时空之中，教师与学生之间缺少了解与认识，师生之间难以实现教学相长。二是网络思想政治教育难以实现因材施教。如果某一网络课程在较

大的范围内推广，不根据不同层次、不同类型和不同个体进行有针对性的教育，那么单纯使用这种教育方式，就很难做到因材施教。因为高校思想政治理论课不仅要传授知识，还要使受教育者树立正确的理想信念和价值观。三是很多网络思想政治理论课程难以做到随时更新教学内容。有些网络思想政治教育是在线直播，但相对较少。很多网络课程都是编辑好的视频资料。这些视频教学资料制作完成和实际教学使用往往存在一定的时间差，这种时间差就使其不能与马克思主义理论的发展完全即时同步。因此，网络思想政治教育不能代替实体课堂。实体课堂的历史自人类有教育以来，一直延续至今，无数教育家对这种教育教学方式进行了广泛而深入的研究，提出了很多重要的思想理论，我们要继承传统课堂的成功经验。对于高校思政课教师而言，要充分掌握在实体课堂开展思想政治教育的知识、能力和技能，高校思政课教师要不断更新和优化自己的马克思主义理论，提高自己的语言表达能力，分析和研究学生的思想动态，实现因材施教和教学相长。

（二）守正创新，释放网络课堂的潜力

网络课堂是以网络形式存在的课堂。与实体课堂相比，网络课堂具有跨时空性、丰富性、互动性和虚拟性。以网络为载体的思政课堂方兴未艾。虽然网络思想政治教育不能代替实体课堂，但网络思想政治教育必定是传统思政课堂的重要工具和有益补充。高校思想政治理论课要在坚持和强化其意识形态性、理论性和思想性的前提下，借助互联网技术，不断推动其创新发展。一方面，要在传统的实体课堂中适当地运用网络信息技术开展思想政治教育。近年来，国内开发了多种教学辅助工具，比如雨课堂和蓝墨云班课。这些教学辅助软件具有实现随机点名、播放教学视频短片、课堂测试、成绩排名等功能，能提高课堂教学的广度和深度，增强学生学习的主动性，教师能及时了解学生的学习情况，进而展开针对性的教育。另一方面，要在课堂之外，让学生学习以网络为载体的思想政治教育相关资讯。比如我国名校所制作的与高校思想政治教育相关的慕课，这些慕课（MOOC）有利于促进优质教育资源的共享，缩小院校之间教育水平的差距，促进院校之间互学互鉴，能拓宽学生的视野，增强其对马克思主义理论的理解和认识。再如，可以鼓励大学生通过学习强国网络学习平台，学习与高校思想政治理论课教学内容有关的资讯，从不同的角度掌握马克思主义理论，不断更新自己的知识结构，树立正确的价值观、人生观、世界观。信息化时代，网络思想政治教育万能论和无用论，都是不可取的。高校思政课教师要积极学习网络思想政治教育的知识与技能，适当运用网络教育技术，不断创新高校思政课授课形式，实现实体课堂和网络课堂的有机结合，推动其良性互动。

三、教师导学与学生自学的互动

高校思想政治理论课，既不能弱化教师在教育教学中的主导作用，也不能忽视学生在课堂教学中的主体作用，单纯的“教师中心论”和“学生中心论”皆不可行，师生之间良性互动才是可取之道。

（一）言传身教，发挥教师的主导性

高校思想政治理论课教师要发挥其主导作用，既要成为马克思主义理论的传道、授业、解惑者，又要成为马克思主义理论的问道、求道、释道者。具体应关注以下几点：一是坚定马克思主义信仰。高校思想政治理论课教师要不断学习马克思主义理论，坚定自己的马克思主义信仰，自觉抵制和批判错误的思想观念和社会思潮。高校思想政治理论课教师要“信马”“言马”，只有自己真学、真懂、真信，才能引导学生树立马克思主义理想信念。二是不断提升理论水平。高校思想政治理论课教师要以教材为根本，但不能只局限于教材。因为马克思主义理论是不断丰富和发展的，教材很难即时同步更新。所以，高校思想政治理论课教师要以学习为根基，以研究为动力，不断地更新自己的知识结构和理论水平，用最新的理论成果武装自己的头脑。高校思政课教师不能照本宣科，而要在学懂弄通的前提下，把教材的语言转化为生动活泼的教学语言，通过富有理论性和思想性的讲解，使大学生既能知其然，又能知其所以然，进而能内化于心、外化于行。三是因材施教。高校思想政治理论课教师要通过观察、提问、访谈和问卷调查等方式全面了解学生的思想动态，研究学生的身心发展规律，关注学生的实际需要，能够针对大学生关注的思想政治问题和人生发展问题，以富有亲和力、说服力和感染力的话语方式为其答疑解惑，展开有针对性的教育。四是完善自己的品行。高校思想政治理论课教师要不断提高自己的学识和品德，通过自己丰厚的学养和高尚的德行，使学生受到潜移默化的影响和教育。

（二）好学不倦，激发学生的主体性

提高高校思想政治理论课的抬头率，使其能够入脑入心，关键在于更加充分地发挥大学生学习思想政治理论的主动性和积极性。这就要求高校思政课教师在教育教学的过程中，能够促使大学生自主地学习马克思主义理论。具体来讲，应该关注以下几点。一是增强教学的吸引力。教师可以通过声情并茂的讲授吸引学生的注意力，通过鞭辟入里的分析引导学生认同马克思主义理论，通过丰富多彩的课堂活动激发学生的学习兴趣。二是要让大学生更真切地感受到学习高校思想政治理论课的意义和价值。高校思政课教师要使大学生更加充分地认识到高校思政课对大学生个人和我国发展的重要性。高校思政课教师要在为大学生排忧解难的过程中使其更深切地体验到思政课的作用。三是高校思政课教师要让大学生感受到学习的快乐。高校思政课教师要组织学生更好地参与到课堂教学之中，可以通过讲课比赛、辩论赛、讨论、演讲等方式，让学生在合作与竞争中感受到学习的乐趣。四是高校思政课教师要对大学生的学习结果进行及时反馈。高校思政课教师要在教育教学的过程中，对那些优秀的大学生进行表扬，对那些表现较差的学生进行适当的提醒和批评。对大学生学习结果的及时反馈，有利于激发其学习兴趣，不断调整其学习行为。总之，高校教师要千方百计地引导广大高校学生能够自主学习思想政治理论，这样才能达到事半功倍的效果。诚如孔子所言，“知之者不如好之者，好之者不如乐之者”。只要大学生在学习的过程中能乐此不疲，那么，学习对于他们来讲，就不是负担，而是一种快乐的求知之旅、

思想之旅、成长之旅。

四、思政课程与课程思政的协同

高校的思想政治理论课与其他课程之间的相互补充与相互配合，是提高高校政治理论课教学质量的重要途径。

（一）深化贯彻落实，引领思政课的发展

“思想政治理论课是落实立德树人根本任务的关键课程。”推进高校思想政治理论课的发展，关键是贯彻与落实习近平总书记在全国思政课工作会议和学校思想政治理论课教师座谈会上的重要讲话精神，主要应该关注以下几点。一是明确根本问题。“办好思想政治理论课，最根本的是要全面贯彻党的教育方针，解决好培养什么人、怎样培养人、为谁培养人这个根本问题。”高校思想政治理论课教师要围绕这个根本问题，明确教育目标，探索教育方法，坚定教育立场，努力通过自己的思想政治理论课为培养中国特色社会主义的建设者和接班人发挥应有的作用。二是提高综合素质。高校思政课教师“政治要强、情怀要深、思维要新、视野要广、自律要严、人格要正”。高校思政课教师要不断提高自己的业务水平和品德修养，成为德才兼备的高校思政课教师。三是深化思政课改革创新。习近平总书记强调：“推动思想政治理论课改革创新，要不断增强思政课的思想性、理论性和亲和力、针对性。”要深入贯彻和落实“八个统一”，通过多维互动和内外联通的方式推动高校思想政治理论课的改革，增强高校思政课的实效性。四是加强对思政课的领导。“各级党委要把思想政治理论课建设摆上重要议程，抓住制约思政课建设的突出问题，在工作格局、队伍建设、支持保障等方面采取有效措施。要建立党委统一领导、党政齐抓共管、有关部门各负其责、全社会协同配合的工作格局，推动形成全党全社会努力办好思政课、教师认真讲好思政课、学生积极学好思政课的良好氛围。”各高校党委要加强对高校思想政治理论课的领导，解决制约高校思政课建设的突出问题，更好地推进其进步与发展。

（二）推进同向同行，增强课程思政的实效

“要用好课堂教学这个主渠道，思想政治理论课要坚持在改进中加强，提升思想政治教育亲和力和针对性，满足学生成长发展需求和期待，其他各门课都要守好一段渠、种好责任田，使各类课程与思想政治理论课同向同行，形成协同效应。”发挥课程思政的实效，应关注以下几点。一是注重课程思政意识的培养。高校领导应对全校相关教师展开关于课程思政方面的宣传教育工作，使众多非思政课教师能够充分认识到自己所教的课程也有一定的思想政治教育功能，要通过深入研究和挖掘，使其所教的课程能够发挥各自的思想政治教育功能。二是促进课程思政教师与思政课教师之间的互学互鉴。高校思想政治理论课教师要与课程思政教师进行广泛而深入的沟通与交流。一方面高校思想政治理论课教师可以通过讲座、座谈和研讨的方式让课程思政教师了解思想政治教育的内容与目标。另一方

面，课程思政教师可以向思政课教师介绍自己所教课程的梗概，与思政课教师探讨如何结合自己的教学内容来开展相关的思想政治教育。通过思政课教师与课程思政教师的沟通和交流，既能深化课程思政教师对马克思主义理论的理解与认识，又能优化思政课教师的知识结构，拓宽其学术视野。三是营造课程思政与思政课程之间相辅相成的良好格局。高校的思政课与其他课程之间，既有区别，也有一定的联系。一方面，要通过高校思政课为大学生学习其他课程提供政治立场、理想信念和指导思想；另一方面，要通过高校课程思政的学习深化大学生对思政课的理解与认识。课程思政要与思政课程同向而行，尤其是与高校思政课联系较为紧密的经济学、社会学、法学、历史学、政治学、教育学、文学和新闻学等哲学社会科学与人文社会科学，在讲授这些课程的过程中，教师讲授的内容不能与马克思主义理论相背离，要从自己学科的角度帮助大学生更好地理解马克思主义理论。对于自然科学方面的课程思政，也要立足于本学科，帮助大学生更好地理解马克思主义理论，尤其是马克思主义基本原理和自然辩证法。比如，在讲解概率论与数理统计的时候，可以引导学生理解个别与一般之间的关系。再如，在讲解相对论的时候，可以引导学生理解时间和空间的内涵。自然科学的发展是马克思主义理论产生的重要基础，对自然科学知之甚少，也很难更深入地理解马克思主义的基本原理。思政课程与课程思政要相互呼应、互为补充、交相辉映，更好地提升高校思政课的教学质量。

第四节　高校思想政治理论课教学话语的困境

高校思想政治理论课教学活动中形成的教育话语，具有价值承载、联通媒介、保障监督的重要功能，其主导力、亲和力、吸引力关乎高校思想政治教育的“高度”“力度”和“温度”，深刻影响着高校思想政治教育的效果。在时空境遇下，高校思想政治理论课教学话语的主导力、亲和力、吸引力面临着不断式微的困境，迫切需要通过交往互动共建话语方式及在生活关照中共享话语意义等途径来提升教学话语影响力。

“高校思想政治工作关系着高校培养什么样的人、如何培养人以及为谁培养人这个根本问题”“要用好课堂教学这个主渠道”，发挥好思想政治理论课教师的关键作用。作为语言的符号系统，高校思想政治理论课教学话语是理论课教师与大学生互动交流的媒介，承载着思想政治教育的内容和价值，其影响力提升是推动高校思想政治理论课改革的题中应有之义。

一、高校思想政治理论课教学话语内涵的学理阐释

话语作为语言和媒介语言符号系统，最初在语言学的概念中提出，表征“对某一主题或目标的谈论方式，包括口语、文字及其他的表述方式”，它形成于人们交往过程中。在

教育教学过程中，知识技能、思想道德观念总是通过话语这个媒介传递给受教育者，受教育者对知识技能的习得和思想道德观念的内化也总是从对话语的内化开始，话语是教育者和受教育者互动的媒介，是知识技能、思想道德观念的外壳。

具体到高校思想政治理论课的教育教学过程来看，教学话语是在高校思想政治理论课教学活动的过程中形成的，是教学过程中诸多要素的“黏合剂”，发挥着桥梁纽带媒介的重要作用。高校思想政治理论课教学过程本质上是一个思想观念、道德规范、政治规范的话语价值传播过程。从静态组成来看，高校思想政治理论课教学话语包括理论话语、学术话语和实践话语；从动态运行来看，高校思想政治理论课教学话语是由生成、表达、传播、反馈等环节组成的用于描述、沟通、建构主客体关系的语言符号系统。

高校思想政治理论课具有自身的学科属性和特殊的教学目标。因此，高校思想政治理论课教学话语与其他的教学话语相比，具有以下三个方面的突出特征。第一，突出的意识形态性。“所谓思想政治教育的意识形态性，是指它的政治性、阶级性，也就是说它明确地属于一个阶级，并为这个阶级的根本利益服务，其作用在于维护一个特定社会的统治阶级的统治。”高校是意识形态工作的前沿阵地，决定着灌输规范、感召激励、批判辩护、传播结构的具体内容，体现出鲜明的政治立场。高校思想政治理论课教学话语的意识形态性要求高校思想政治理论课教师坚持马克思主义为指导地位，坚持为党育人、为国育才，发挥好党和国家喉舌的重要作用。第二，密切的关联性。静态的理论话语、学术话语和实践话语；动态的生成、表达、传播、反馈过程相互联系、相互影响、相互转化，表现出逻辑严谨、层次清晰、内容全面、前后呼应等特点。高校思想政治理论课教学话语的关联性要求高校思想政治教育理论课教师协调好教学与科研、理论与实践的关系，树立系统思维，统筹推进生成、表达、传播、反馈各环节，优化话语传播链。第三，显著的时代性。与时俱进是马克思主义的理论品质，也是高校思想政治教育的基本要求，“做好高校思想政治工作，要因事而化、因时而进、因势而新。要遵循思想政治工作规律，遵循教书育人规律，遵循学生成长规律，不断提高工作能力和水平”。党的十九大深刻阐明了我国当前所处的新的历史方位——新时代，高校思想政治教育要适应新时代发展的客观要求，自觉担负起培育时代新人的使命，坚守为党育人、为国育才的初心，不断加强习近平新时代中国特色社会主义思想教育，不断增强“四个意识”、坚定“四个自信”、做到“两个维护”。作为服务于高校思想政治理论课目标实现的语言符号系统，教育话语在高校思想政治理论课教学过程中的功能主要表现为价值承载、联通媒介、保障监督三个方面。

二、高校思想政治理论课教学话语的价值功能

（一）价值承载功能

话语是思维、思想的外壳。从某种程度上来讲，高校思想政治理论课教学活动就是一场政治活动传播的过程。没有高校思想政治理论课教学话语传播，也就没有高校思想政治

理论课教学活动，离开高校思想政治理论课教学话语的传播，高校思想政治理论课教学活动也就变成了无源之水、无本之木。而这一传播过程既是一个“意义”“价值”“观念”等传承的过程，同时又是一个“意义”“价值”“观念”再生产的过程。无论是传承或是再生产，都需要借助教学话语这个符号系统。因此，高校思想政治理论课教学话语具有深刻的价值意蕴，它是“意义”“价值”“观念”的重要依托。为实现高校思想政治理论课目标，更好地承载起高校思想政治理论课价值功能，在具体实施上，高校思想政治理论课在推进马克思主义理论“进教材、进课堂、进头脑”的过程中，更需要推进马克思主义生活化、日常化，将教材话语、学术话语转化为教育对象更容易接受的课堂话语、日常话语，实现马克思主义理论教育与受教育者生活实际的深度融合。

（二）联通媒介功能

教师和大学生是高校思想政治理论课教学活动中的基本要素，而话语就是两者沟通交流互动的桥梁，正是因为有话语的存在，两者才得以互动交流。思想政治理论课教师和大学生虽然是高校思想政治理论课教学中的基本要素，但两者在其中的地位却不是等同的。教师在其中起主导作用，学生起主体作用。没有思想政治理论课教师的主导作用，就没有高校思想政治理论课教学活动。因此，高校思想政治理论课教师要按照“政治要强、情怀要深、思维要新、视野要广、自律要严、人格要正”的要求，苦练内功，不断提高话语的引导力、传播力和影响力，为大学生扣好人生第一粒扣子。要增强高校思想政治理论课的教学实效性，就需要发挥大学生的主体作用。离开大学生主体作用的发挥，也很难做到对思想观念、道德规范、政治观点的内化与外化。因此，在高校思想政治理论课教学过程中，理论课教师和大学生要积极运用话语这一媒介进行互动交流，通过话语调动大学生参与高校思想政治理论课的积极性、主动性。

（三）保障监督功能

除了价值承载和联通媒介功能之外，教学话语还对高校思想政治理论课教学活动发挥着监督保证的作用，起着提质增效的效用。情境是高校思想政治理论课教学活动的重要场域，对理论课教学活动起着重要的引导作用。高校思想政治理论课教师根据思想政治理论课教学需要，通过话语营造出一种或崇高，或庄严，或肃穆，或生动，或活泼等不同话语情境，促使教学活动在这样的话语情境中发生。这些不同的话语情境对教育者内化思想政治理论课的教学内容具有不同的效果。从人的思想品德形成过程来看，知、情、意、信、行是人的思想品德形成的基本环节中，在这些环节，情感起着促进保证催化作用。而情感具有相互感染的特性，高校思想政治理论课教师对话语的灵活运用，能够有效地对受教育者的情感起重要的调动与感染作用，从而保证知、情、意、信、行各个环节有效运转。在高校思想政治理论课教学中，教学管理是不可或缺的重要组成部分，在高校思想政治理论课教学中发挥着监督反馈的重要作用。为有效地发挥监督反馈作用，需要高校思想政治理论课教师运用话语，对课堂进行有效的管理。

三、高校思想政治理论课教学话语式微困境

（一）互联网时代，文化多元影响教学话语主导力

互联网技术的迅速发展，深刻影响着人们的生活方式。互联网时代，人们无时、无处不能无网，网络就好比人的器官一样，成为人们生活的重要工具。尤其是当前的“00后”逐渐成为高校的主力军，他们生来就与网络绑在一起，网络伴随其成长过程。在网络时代，人人都是“麦克风”，社会进入“大众麦克风”时代。“大众麦克风”时代改变了传统的文化传播方式，“文化反哺”成为常态，教育者信息资源优势不复存在，对信息的把控能力被严重削弱。大众文化、青年文化、外来文化等非主流文化在互联网时代与主流文化相互激荡，在西方意识形态的渗透下，非主流文化中的媚俗性、感官性、宣泄性、暴力性、色情性等内容侵蚀着青年大学生的价值观念，影响着大学生的行为方式。网络时代力图“在主导性话语所建构的权力关系之外重新建构一种对抗性的话语陈述系统，即重新解释世界并赋予其特定意义，进而对主导性霸权话语所形成的合法性发起质疑和拷问”。这样一来，思想政治理论课教学话语在互联网时代文化多元的时空境遇下，其主导力被严重削弱。

（二）单向传递降低话语亲和力

在传统的高校思想政治理论课教学过程中，形成了主体—客体二分的思想政治教育者和受教育者关系模式。在这种模式下，高校思想政治理论课教师处于话语的主导、支配地位，学生处于被动、支配地位，“话语霸权”“话语控制”“自说自话”“我讲你听”“我打你通”是这种主体—客体二分的具体表现。社会转型的加速发展，社会经济结构、组织方式、就业方式等日益多样，个体的自强意识、创新意识、成才意识、创业意识、主体意识、自主意识表现出史无前例的多元。处于青春期的大学生，求新求异意识比任何群体都强，常常以“标新立异”来标榜自己。这样一来，传统的高校思想政治理论课教学中“人学的空场”单向传输的话语模式，常常遭到学生的“抗拒”“抵触”。高校思想政治理论课教师进行思想政治教育时的单向传输、“照本宣科”“生搬硬套”，常常因为“失语”而亲和力不强。

（三）现实生活关照缺失削弱教学话语吸引力

“非日常生活和日常生活（包括衣、食、住、行等基本生存形式）的有机统一，才能涵盖人类社会的全部存在域。”但由于历史和现实原因，政治工具被定位在传统的思想政治教育实践中，思想政治教育的社会功能被过度凸显，抽象的原则、原理等普遍知识充斥高校思想政治理论课教学话语体系。高校思想政治理论课教学中，话语如若不接地气，所传授的政治观点、思想观念、道德规范就很难进入大学生所熟悉的文化语境中，反而会与

大学生的话语体系产生激烈的冲突，从而在内心深处萌发出对高校思想政治理论课话语的排斥和反感。办好思想政治理论课的关键在教师，关键在发挥教师的积极性、主动性、创造性。思政课教师，要给学生心灵埋下真善美的种子，引导学生扣好人生的第一粒扣子。只有不断增加高校思想政治理论课教学话语“高度”“力度”和“温度”，高校思想政治理论课才能有解释力、生命力和感召力，也才能增强高校思想政治工作的亲切感、获得感和认同感。

四、高校思想政治理论课教学话语影响力提升路径

（一）交往互动共建高校思想政治理论课教学话语方式

高校思想政治理论课教学本质上是一种精神交往，是师生双方在思想、观念、意识上的交往，表现为双方的精神互动。思想政治理论课教师于学生而言，处于话语权的优势地位，这种势位下，“灌输—接收”“独白”“控制”式的单向度话语传递模式，忽视了大学生对思想道德的自我建构，受教育者“主体间性”被抑制。实际上，教师在思想政治理论课教学过程中传授的道德规范、价值观念总是受到大学生业已形成的“图式”的影响，在这个过程中，传播的“正确的价值”如何嵌入大学生“我的价值”中去，需要大学生积极主动地建构内化，“正确的价值”如果没有与大学生的经验世界相互衔接、融合，大学生是不会主动接受和内化的。网络时代，文化多元境遇下，面对以“95后”为主体的大学生，在思想政治教育过程中迫切需要构建起以“对话交流”为基础的交往互动式主体间性话语模式。“对话交流”为基础的交往式高校思想政治理论课教学的主体间性话语模式，首先，需要思想政治理论课教师和受教育者遵循以信任、平等、尊重为原则的话语生态，相互尊重，在交流中达成共识；其次，在教学互动具体的方法上，需要多采用启发式、交流讨论等教学方法，通过在真实、灵动的语境之中，设置话题，含蕴价值意义，通过交流对话，达成对问题的科学认识、对内容价值的内化以及对思想困惑的问题解决；最后，还需要构建教学话语交往互动的主体间性传播模式，通过融注情感的力量，要以理化人、以情感人、以美育人，积极关注和解决大学生在生活、学习等之中的实际问题。

（二）在生活世界的关照中共享高校思想政治理论课教学话语的意义

“工人本来也不可能有社会主义的意识。这种意识只能从外面灌输进去。”高校思想政治理论课教学中必须毫不动摇地继承创新列宁的“灌输理论”。高校思想政治理论课教学的关键不在于灌输，而在于怎么“灌输”。高校思想政治理论课教学“应当能够反映出浓郁的生活气息，鲜明地表达出人们的社会生活需要与价值关切，注重社会成员的民生的内容，增加其人文精神与社会关怀，表达出思想政治教育应有的人文品位”。在高校思想政治理论课教学中，教学话语需要积极关注教育对象的生活世界，只有将教学话语嵌入教育对象的生活世界，才能提高高校思想政治理论课教学的实效性。思想政治教育是社会价

值和个体价值的辩证统一，其根本目的在于促进人的全面发展，对大学生个体价值和现实的关照，是高校思想政治理论课教学的题中应有之义。实践中，高校思想政治理论课教学中的思想观念、政治观点、道德规范融入大学生的生活世界，并不是使大学生保持这种内在规定性驻足不前，而是为了使大学生超越这种规定性，成为自我创造的主体。事实上，高校思想政治理论课教师在赋予大学生内在规定性的同时，也在不断积累着突破这种规定性的种子。高校思想政治理论课在关注社会价值的同时，也要积极关注个体的生活世界，要充分尊重理解大学生的需要，回归个体生活世界。正如习近平总书记所说的要围绕学生、关照学生、服务学生，不断提高学生思想水平、政治觉悟、道德品质、文化素养，让学生成为德才兼备、全面发展的人才。

第五节　高校思想政治理论课教学与批判性思维

批判性思维已经成为当今世界教育发展的新趋势，也是理工科大学生应该必备的能力之一，然而却尚未引起我国高校足够的重视。高校思想政治理论课是培养大学生批判性思维的重要渠道。我们需要不断地适应信息时代的变化，通过改进教学方法，变灌输式为辩论式和讨论式教学，鼓励学生大胆质疑，提出问题，通过开辟第二课堂等形式来培养大学生的批判性思维能力。

目前大学生批判性思维能力的培养在以美国为代表的西方国家受到了高度重视，美国高校非常重视思考、怀疑和批判精神的培养，这些被视为一种科学精神，被看作是阅读和思考的基础。这些年虽然我国高校一直倡导素质教育，但批判性思维能力的培养在我国高等教育中并没有受到足够的重视。其结果是造成了大学生批判性思维能力的缺失。

一、当前大学生批判性思维能力缺失的表现

批判性思维并不是单纯地批判和否定，而是在对事物分析论证的基础上，既有否定性批判，也有肯定性的评价，其目的是更准确、更全面、更深刻地认识客观事物。而目前大学生在学习中往往缺乏这种思维能力，具体表现在如下几个方面。

第一，在学习过程中对教科书中的现成结论深信不疑，死抠书本，把书本上的知识当成是不变的科学结论和确定无疑的事实。

第二，对所谓的权威“盲目崇拜”，不敢批判和质疑权威。认为老师就是知识的占有者和传播者，老师只是按照书本上的知识去教，认为老师是有学问的人，久而久之，老师成了知识的宝库，知识的权威，凡是老师教的东西、书上的东西，似乎永远都是正确的，不容置疑的。

第三，对时下流行的东西盲目地追随、效仿、跟风。当今社会发展节奏快，社会现象

纷繁复杂，相当一部分大学生不愿意对问题进行深层次的思考，对别人的思想观点不假思索地全盘接受，集中表现为一种盲从心理，人云亦云。重感性思维，缺少理性思维，对现实缺少理性的分析和思考，更多的是直观的理解和感性的盲从。

培养大学生批判性思维能力已成为21世纪世界教育改革和发展的共同趋势。为了充分发挥高校思想政治理论课的主渠道、主阵地作用，发挥其育人功能，提高政治理论课的时效性，通过思想政治理论课的教学过程进行批判性思维能力的培养势在必行。

二、政治理论课培养大学生批判性思维能力的重要性

政治理论课培养学生的批判精神，有利于他们在信息时代的生存和发展，是提高自身辨别是非能力的需要。21世纪是信息化时代，计算机和网络技术的发展将大学生带入一个纷繁复杂的环境当中，各种信息和知识层次不一，良莠不齐，致使学习者淹没在信息的海洋之中，遭遇信息的包围。而面对信息的狂轰滥炸，缺乏批判性思维的学生，就会被浩如烟海的知识和信息所淹没。西方国家在大学教育中重视批判性思维的教育，正是与信息时代这一特殊的时代背景联系在一起的。20世纪90年代初，美国总统小布什和克林顿都支持美国高等教育的总目标要优先促进大学生的批判性思维，就是基于信息时代网络社会快速发展的结果。通过培养大学生的批判性思维，来提升他们在信息时代面对知识的大量涌流时，对知识和信息的选择、理解和评价能力；增强他们对来自网络、各种媒体等形形色色的知识的辨别、选择能力，从而抵制各种消极、不良信息的影响。

有利于培养大学生的创造精神和创新能力。在当今时代，一个国家要保持经济的强劲增长和持续发展主要依赖劳动者的创新能力。江泽民指出“创新是一个民族的灵魂，是一个国家兴旺发达的不竭动力”。2006年年初，党中央提出了建设创新国家的宏伟目标。要实现这一目标，需要培养和造就一大批创新型人才。要创新就要善于发现问题，善于从普遍认同的定论、真理、不可改变的事实中找出和发现不合理的因素，需要人们善于用批判的眼光去看待遇到的一切事物，具有批判的精神和批判所具备的心理技能。倡导批判性思维教育，对直接培养高素质的创新人才会产生积极的意义。其一，批判性思维本身是以倡导创新精神为内在本质和要求的，开展批判性思维教育有助于推动全社会对创新精神的尊重，从而培养更多具有创新精神的优秀人才。其二，批判性思维能力的培养有助于增强大学生的创造能力，而大学生批判性思维能力是整个社会创新能力的基础之一。

培养大学生批判性思维能力是激发大学生关注社会热点问题，提升学习政治理论课兴趣的需要。对于课程的兴趣是学好这门课程的必要条件。从当前情况来看，尽管高校政治理论课近年来在内容和实践环节等方面已进行了改革，并且更加突出了马克思主义在当代的发展即中国特色社会主义理论体系，但是仍有一部分大学生对政治理论课抱着应付的态度，对政治理论课的学习热情不高。究其原因，一方面是大学生对这门课的认识不足而缺乏积极主动的思维；另一方面就是教师的教学方法存在一定的问题，没能调动学生的学习

兴趣，更懒得去发现问题和思考问题。批判性思维的一个鲜明特征是积极的主动的思维。因此政治理论课的教学应该改进教学方法，引入批判性思维，解放学生大脑，鼓励学生大胆质疑，这样就会促使他们积极主动地去思考问题，对思想政治理论课传授的知识进行认真的分析，并做出正确的评价。通过这样的积极主动的思维过程，使他们逐渐感受到这门课程的意义与价值，从而激发大学生对思想政治理论课的兴趣。

三、政治理论课培养大学生批判性思维能力的途径

更新教学观念，改革教学方法，引入启发式、辩论式教学模式。建立崭新的教学模式是高校政治理论课培养大学生批判性思维能力的重要途径。随着单一型的灌输式教学方式缺陷的日益凸显，辩论式和启发式教学便成为现代教学改革的方向。首先，教师授课方式要将启发式教学与学生参与式学习相结合，鼓励学生大胆质疑，大胆假设，寻求合理性，这就要求教师自身消除权威意识。其次，建立对话式教学模式，在这种教学模式中，师生双方基于相互尊重和平等的立场，共同探究问题，充分地对话交流，通过沟通和交流最终达成对知识的批判和创新。再次，变讲授式教学为辩论式教学。“辩论是一种批判性思维的方法”，“人类许多最有意义和最具批判性的交流是以辩论的形式进行的”。思维辩论式教学方法就是教师和学生或者学生和学生就某一个问题以正反两种观点的碰撞为纽带展开分析、讨论、辩驳及总结归纳，从而掌握知识的教学方法。辩论式教学必须在课前做充分的准备，精心选择辩题，辩题既要与课程内容相联系，又要贴近学生学习、生活实际，同时辩论式教学要做好组织工作，课堂辩论既要突出辩手的作用，也要重视其他学生的参与，鼓励每一个学生在自由辩论时做补充发言，这样才能形成辩论的氛围，从而达到“真理越辩越明”的目的，使辩论式教学成为大学生进行批判性思维能力训练的重要途径。

组织学生开展社会调查，开辟第二课堂来增加实践环节。理论只有与实践相结合，才能使理论保持鲜活的生命力。批判性思维植根于实践之中。理工科大学生在专业课学习中往往形成一定的思维定式，他们的逻辑思维比较缜密，却容易偏重于形式，这样就会产生重视理论轻视实践的偏向，因此加强实践环节，形成实践能力，是培养和提高大学生批判性思维能力的又一个重要途径。过去实践环节一直是政治理论课的短板，基本上是流于形式。实际上高校的四门政治理论课都安排了一定数量的实践学时，我们可以充分地利用课程实践的形式来培养大学生批判性思维能力。例如可以把实践学时整合，组织大学生到农村或企业去参观和调研，使他们深入基层了解我国当前新农村建设和企业改革或转制的实际情况和亟待解决的问题，通过实践活动使他们获得应用所学的基本概念、基本理论解决实际问题的机会。同时通过直接接触实际使大学生获得了丰富的感性认识、感性经验，并且由感性认识上升到理性认识，再使理性认识回到实践中去，进行直接的创造性实践。通过这样的实践和认识循环过程，他们能够切身体会到理性思考和怀疑创造的乐趣和魅力，从而增强其批判性思维的自觉性。对于一些有争议的问题，教师也可以利用实践环节让大

学生明辨是非。教师可以针对争议问题布置题目，让学生充分利用互联网去查阅相关资料，利用假期进行社会调查，在掌握资料和调查的基础上，撰写调查报告，得出科学的结论，进一步深化对争论问题的认识，达到明辨是非的目的。这样既能培养大学生探究问题、实事求是的精神，又能训练他们独立思考的能力和批判精神。

总之，批判性思维是当代大学生应该必备的基本能力，尤其是对于理工科大学生来说，批判性思维是培养科学精神，进行科学研究的基础。高校思想政治理论课是培养大学生批判性思维的重要途径，高校应当不断地加大思想政治理论课的改革力度。教师要更新教学理念，创新教学方法，增强实践环节，重视培养大学生的批判精神和创新思维，以适应 21 世纪社会发展对人才的要求。

第二章　新时代背景下高校课程思政的学科经验借鉴

第一节　大学生思想政治教育对相关学科理论成果的借鉴

借鉴相关学科的理论成果，运用系统的全局的视野来研究大学生思想政治教育的质量问题，学科建设不仅有利于实现新时代条件下大学生思想政治教育的发展创新，而且对于研究者能力的提高也有着至关重要的作用。

一、对教育学的借鉴

思想政治教育学与教育学同属于教育科学体系，包含在教育科学体系内，是教育科学体系的重要组成部分。

（一）借鉴教育学揭示教学规律的理论

教育学强调教育过程要遵循教学规律，教学规律是客观存在于教学过程中的不以主观意志为转移的本质联系。

1. 掌握传授知识与思想教育相统一的规律

教师在传授知识的过程中，无论传授的是哪方面的知识总会或多或少地对学生的思想感情、立场观点、意志性格、道德品质等方面造成一定的影响，这也是学生接受大学德育教育的一种方式。另外，教师的思想品质、言谈举止、风度气质等个人特质，也会对学生产生潜移默化的教育影响。因此，在教学过程中教师应严谨治学，为人师表，通过自己的实际行动为学生树立良好的思想道德行为榜样，知行统一、言行一致。

2. 掌握知识和发展智力相统一的规律

学生掌握知识与发展智力、培养能力是辩证统一的，单纯地强调任何一种都是不科学的，因为无论是知识的单纯增长还是智力的单纯提升都难以提升学生的综合素质。大学生思想政治教育要尊重教育学的基本规律，在注重对大学生进行马克思主义基本理论知识传授的同时，还要开展更多的大学生实践活动的，将其所学的知识转换为实践能力。

3. 掌握教师主导作用和学生主体地位相结合的规律

在教和学的统一活动中，教师应该充分发挥自己在教学中的主导作用，按照客观规律启发与引导学生去学习、认识和实践，充分激发其积极性。在教学过程中，教师的主导作用和学生的主体地位是辩证统一的，教师的主导地位并不是绝对的，在某些情况下教师也可以激发学生在大学思想政治教育中的主体性，发挥其主导作用。

（二）借鉴教育学论述教学方法的理论

教学方法是教师和学生为了实现共同的教学目标，完成共同的教学任务，在教学过程中运用的方式与手段的总称，它既包括教师教授的方法，也包括在教师指导下学生的学习方法。教育学所论述的许多方法是行之有效的教育方法，非常值得大学思想政治教育借鉴。

1. 讲授法

讲授法是教师通过口头语言向学生描绘情境、叙述事实、解释概念、论证原理和阐明规律的教学方法。讲授法是教师使用最早的、应用最广的教学方法，其他教学方法的运用，几乎都需要同讲授法结合进行。大学思想政治教育者应重视自身口头讲授教育技巧和能力的素质培养，俗称“嘴皮子”功夫，以期获得良好的教育效果。

2. 参观法

参观法是根据教学目的和教学任务的要求，组织学生到一定的校外场所，使学生通过对实际事物和现象的观察、研究获得新知识的方法。参观是以大自然、大社会作为活教材，能打破课堂和教科书的束缚，使教学与实际生活、生产密切联系起来，取得良好的教育效果。大学思想政治教育者要勤于研究学生的特点，借鉴参观法的开展特点，进行革命传统教育、正反典型教育、改革开放成果展等参观活动，使思想政治教育活动形式生动，教育富有成效。

3. 讨论法

讨论法是在教师指导下，由全班或小组围绕某一种中心问题通过发表各自意见和看法，共同研讨、相互启发、集思广益地进行学习的一种方法。大学思想政治教育者也应借鉴讨论法“以他人为镜”的宗旨来指导和丰富自身开展活动的形式，进行相关理论和现实的热点、难点、疑点等问题的讨论活动，引导教育对象在集体教育和相互探讨的过程中，完成更有成效的自我教育。

二、对政治学的借鉴

（一）借鉴关于国家与政党的学说

国家和政党学说是政治学的主要内容，马克思主义的国家学说和政党理论是确定思想政治教育任务和内容的重要依据。

1. 国家的起源、本质、职能与消亡

马克思主义创始人全面地考察了国家的起源，深刻地揭示了国家的本质。国家是一个历史范畴，是经济发展到一定阶段使社会分裂为阶级时产生的，它是阶级矛盾不可调和的产物和表现。国家的本质是经济上占统治地位的阶级进行统治的工具。国家具有对内职能和对外职能。国家的对内职能有政治职能、经济职能和社会职能。对外具有保卫国土不受侵犯的职能，同时也有进行国际交往，参与国际政治经济事务的职能。马克思主义认为国家不是永恒的，随着阶级的消灭，国家也不可避免地要消失。国家消亡的经济基础是共产主义的高级阶段，国家的消亡是一个漫长的历史过程。

2. 政党的概念和分类

政党代表一定阶级、阶层或集团的根本利益，由其中一部分最积极的分子组成，有共同的政治主张，采取共同的行动，为夺取和巩固政权而联合起来的有组织有纪律的政治组织。根据不同的标准，可将政党进行不同的分类，常见的分类方式有以下四种：根据政党的阶级属性和阶级基础分为无产阶级政党和资产阶级政党；以政党是否掌握政权为标准，可分为执政党、反对党、在野党、参政党；以政党的法律地位为标准分为合法政党和非法政党；根据政党的活动范围分为国内政党和跨国政党联盟。

（二）借鉴政治学关于政治生活内容的理论

人是在具体的政治生活中来提高思想政治素质的，有关政治生活内容的理论有助于思想政治教育学全面而深入地研究受教育者所处的政治生活环境，确定思想政治教育的内容，实现思想政治教育的任务。

1. 政治秩序和政治治理

政治秩序是指社会中人们依据基本的政治共识、政治与法律制度展开政治实践的一种状态。政治秩序在行动上体现为政治治理。政治治理既包括传统意义上的维护政治秩序的统治行为，也包括实现经济社会发展目标的社会管理行动。

2. 政治参与和政治监督

政治参与是指公民通过一定的方式去直接或间接地影响政府的组成、运行和决策或与政府活动相关的公共政治生活的政治行为，是公民自下而上的政治行为。监督分为政治监督和社会监督，政治监督是指在政治管理过程中，为保证社会公共权力机关在所担负的职权的正当范围内和轨道上运行，而对其进行监视、检查、控制和纠偏的各种活动，其本质是以权力制约权力，目的在于抵御权力的腐蚀性。社会监督是以国家机关以外的社会组织或公民为主体进行的监督。这种监督主体范围十分广泛，民主性比较突出，虽然不具有法律效力，但发挥着非常重要的作用。

三、对心理学的借鉴

心理学是研究人的心理现象、心理过程和个性心理及其发展规律的科学。人的思想品德的形成过程，也是一种心理活动的过程，因此心理学对研究思想政治教育的规律有着重大的意义。心理素质是思想道德素质的基础条件和构成要素。马克思主义心理学是我国思想政治工作有效开展的重要依据。

（一）借鉴心理学关于心理活动过程的理论

心理学研究的对象是人的心理现象，心理现象是心理活动过程和个性心理的统一体。心理活动过程指人的心理活动发生、发展的过程，它由认识过程、情感过程和意志过程所构成，心理活动过程体现着人类心理活动的共同规律和一般特征。心理学注重认知、情感和意志训练相结合形成完善的个性和品质，大学思想政治教育强调对大学生思想品德素质培养的最基本的“晓之以理、动之以情、导之以行、持之以恒”的工作方法，正是建立在心理活动过程理论知识基础之上的。

1. 认识过程理论

认识过程是人对客观事物的不同程度、不同水平、不同层次、不同方面的认识过程，也即是感性认识到理性认识的发展过程，包括感觉、知觉、记忆、思维和想象等。

2. 情感过程理论

人们在认识事物的时候不可能无动于衷，也不会淡薄无情，总会伴随着认识活动的进行而形成各种态度，产生相应的喜、怒、哀、乐、爱、恶等情绪情感体验，这种心理活动过程就是情感过程。

3. 意志过程理论

我们在与自然界相互作用的过程中，常常在认识的基础上，在情感的推动下，根据事物发生发展的规律性，自觉地确定目的、制订计划、调节行动、克服困难、实现目标，使客观事物向着符合我们需要的方向发展，这就是我们的意志过程。

（二）借鉴心理学关于个性心理形成与发展的理论

1. 需要动机理论在大学生思想政治教育实践中的运用

需要理论认为，人的一切行为都是受本能需要的直接刺激而产生的。虽然人有满足自己需要的基本特征，但是大多时候人们都是从理性的角度考虑自己的需求以及动机的，因此人们能够自觉调整自己的需要、动机和行为。心理学关于需要的理论告诉我们，在当前的社会条件之下，最大限度地满足人们日益增长的物质需要和精神需要，是大学生思想政治教育工作者应该考虑的内容，同时也是大学生思想政治教育的目标之一。如果大学生思想政治教育工作背离了其基本目的，脱离了满足人们物质需要和精神需要这一基本原则，势必软弱无力，缺乏吸引力和说服力从而影响教育效果。从事大学生思想政治教育工作的管理者，在进行大学生思想政治教育工作的安排和规划时务必要对工作对象的心理特征及其个人需求进行透彻的分析和了解，从而有针对性地对思想政治教育工作进行设计，争取达到最好的教育效果。

2. 个性心理形成与发展理论在大学生思想政治教育实践中的运用

心理过程与心理活动是每个人都有的，但同样类型的心理过程或心理活动，体现在每个人的思想与行为上都存在一定的差异，我们将这些个体差异的表现称为个性心理，它是个体身上表现出的比较稳定的一种心理特征，具有模式化、固定化的基本特征，对行为研究有一定的参考作用。无数教育实践证明，深入研究并把握个性心理及其形成发展规律，对于实施因材施教，开发人的潜能具有重大意义。个性心理的形成和发展是多因素交互影响的结果，是在遗传素质的基础上，在一定环境和教育条件的影响下，经过个体积极主动的社会实践活动而被塑造出来的。大学生思想政治教育应充分重视心理学关于人的个性心理形成发展理论，了解影响大学生个性心理的各种因素，使得教育活动能产生较强的针对性和实效性。

四、对社会学的借鉴

思想政治教育学是一门指导人们形成正确思想行为的学科，它以人的思想行为形成变化的规律，以及实施思想政治教育的规律作为自己的研究对象。但思想政治教育作为复杂的社会系统中的一个子系统不是静止的，在发展过程中出现的各种实际问题也不是孤立的，只有将其放在社会的大背景中，才能较为准确地把握和实施思想政治教育，也才能切实地解决各种实际问题。多学科的参与已经成为思想政治教育学的一条重要路径，社会学便是其中之一。社会学是从某种特有的角度，侧重对社会、对作为社会主体的人、对社会与人的关系等进行的综合性研究，即研究社会问题的一门学科。它所研究的领域相当广泛，所研究的社会文化和社会思潮，涉及社会生活的方方面面。社会交往与人际关系，社会组织与社会群体以及青年问题、家庭问题、犯罪问题等，都与思想政治教育的内容和方法相关。其中很多方面的研究，都能为思想政治教育学科所借鉴和应用。

（一）借鉴社会学关于人的社会化理论

社会学所研究的人的社会化问题，与大学思想政治教育在本质上有一致性。大学思想政治教育所要解决的主要任务就是实现大学生的思想政治和道德的社会化。大学思想政治教育还是社会化的一个重要手段，思想政治教育帮助大学生树立远大理想和培养高尚的道德品质，明确自己的社会职责和行为规范，在此意义上说，大学思想政治教育的过程也是大学生的社会化过程，大学思想政治教育可以帮助大学生实现全面的社会化。

1. 社会化的定义和途径

社会化就是指个人从生物人发展成为社会人，不断认识社会、适应社会，从而形成、发展和完善自己人格并积极作用于社会的过程。社会化的基本途径是社会教化和个体内化。社会教化，即广义的教育，这是社会通过社会化的载体及其执行者对个体进行的社会化过程。个体内化，是指个体将社会教化的内容转化为自身的行为模式、人格特征、思维方式的过程。

2. 社会化与个性发展

所谓个性的发展就是指个人特有的生理素质、心理素质、思维方式和行为方式等的充分自由发展。马克思主义认为，个性的充分自由发展在人的全面发展中占有重要地位，人的发展在一定意义上就是“有个性的个人”的发展。在人的个性的形成过程中，生理、心理因素都以社会因素为中介发挥作用，人的个性是个人社会化的产物，是随着个人社会化的进程而逐步形成和发展的，可以通过社会化来塑造一个人的个性。社会化就是人的个性与自我形成及发展的过程。

人的个性发展是通过个人与社会的相互作用而实现的，个性发展包括自我意识的发展和道德意识的发展，这都是人的社会化的重要方面。

（二）借鉴社会学的研究方法

社会学的研究方法是社会学知识体系中最为重要的基础支柱，同时也是社会学相对于其他社会科学来说最具特色和优势的学科领域。社会学有一套比较成熟的社会调查和统计分析方法，如抽样调查法、统计推论法等，这些科学的方法对思想政治教育的研究方法具有较大的借鉴作用，对于加强思想政治教育的定量分析，实现定性分析与定量分析相结合，促进思想政治教育科学化有着重要的意义。

1. 问卷法

问卷法是指调查者根据研究的问题和研究的方案，通过设计一套要求被调查者回答的问题表，来收集资料的方法。问卷的基本结构包括：调查问卷的题目、调查与填表说明书、问卷主题内容、实施情况记录等。问卷类型有开放式和封闭式两种。

2. 抽样调查法

抽样调查法是指按照科学的原理和计算从所要研究的现象全部个体单位中，按随机原则抽取部分个体单位进行调查，取得资料，并用以推算总体数量特征的一种方法。随机抽样的组织形式根据调查目的不同和调查对象的特点、数量等可分为简单随机抽样、分层抽样、系统抽样、多阶段抽样等。

3. 文献法

社会调查中的文献是指与社会调查研究对象有关的一切书面文字材料。文献法是指从搜集的资料中进行提炼、选择、提取、整理分析的过程。文献定性研究的一般步骤是文献摘录，分析文献资料与研究主题关系，说明主题。

4. 访谈法

访谈法是指调查者通过与被调查者面谈口问的形式来搜集研究资料的一种方法。访谈法的类型有：个别访谈和集体访谈、一般访谈和深度访谈、作为搜集资料主要手段和辅助手段的访谈。访谈之前必须做好充分的准备，设计调查方案，拟定调查提纲等。

5. 统计推论法

统计推论法就是调查者利用样本的统计值对总体与之对应的各种参数值进行估计，从而获得分析数据和资料的方法。

大学思想政治教育除了借鉴以上学科理论外，也借鉴了法学、管理学、系统工程理论等学科的知识和方法，这些学科理论对大学思想政治教育的发展也起着重要的作用。

五、对伦理学的借鉴

伦理学是研究道德起源、道德本质、道德关系及其发展规律，研究道德修养和道德教育的内容、原则和方法的科学。马克思主义伦理学所揭示的共产主义道德形成和发展的基本原则、基本规律和规范，是思想政治教育学的理论依据，是思想政治教育学研究的重要内容。

（一）借鉴伦理学关于道德人成长过程的论述

著名经济学家亚当·斯密认为，作为经济人，人当然具有自私自利的一面，但这种自私自利又不是纯粹的，人还有富有同情心的一面，人也是道德人。伦理学关于道德人成长过程的理论，对于大学思想政治教育培养受教育者成为思想品德高尚的社会主义新人有着深刻的启示。

1. 道德人的形成

道德人的形成经历了漫长的过程。人的自我认知水平与个体最初得到的表现是相一致的，个体的内在自觉性是实现个体对道德追求的动因，同时，个体生活的社会条件也会对其道德水平产生重大的影响，这些都会使个体道德从萌芽状态逐渐走向苏醒。个体的道德觉醒达到一定的程度，道德人就形成并丰富完善到相应的层次和水平。大学思想政治教育在研究教育对象道德意识觉醒和达到社会所要求的道德水平方面，应遵循道德人形成的原理。

2. 道德的自律与他律

这是一个持续的过程，在这个过程中，道德质的飞跃，逐渐由他律转变为自律。道德主体在此过程中，会用一些内化了的自己认为正确的道德原则来约束或调节自己的思想行为方向。自律是人真正实现道德的结果，自律的人就是道德的人，是一个有稳定和明确人格的人。道德人成长过程中自律与他律的关系，启示思想政治教育一定要重视引导受教育者自觉提高自身思想政治素质和品德水平，才能真正实现教育目的。

（二）借鉴伦理学关于道德教育的过程理论

道德教育过程是指对人们进行有组织、有计划、有目的的道德教育，使人们在生活实践基础上确立某种道德认识、道德情感、道德意志、道德信念和道德习惯的复杂过程，主要有提高道德认识、陶冶道德情感、锻炼道德意志、确立道德信念和养成道德习惯五个环节。使社会主义和共产主义道德原则和规范转化为个人内在品质的教育，是我国思想政治教育的主要内容之一。伦理学关于道德教育过程的理论，对思想政治教育学研究思想政治教育过程论有直接的理论借鉴作用。

1. 提高道德认识

人是理性的社会动物，人的行为是受自己特定的道德认识指导的。要使人们有社会主义和共产主义道德的理想人格，首先就必须使人们了解和把握社会主义和共产主义道德的原则、规范和义务，然后才能有明确的道德实践方向。

2. 陶冶道德情感

要培养人的道德人格和个性，必须从培养一个人健全的道德情感开始。有了某种道德认识，并不一定会有相应的道德情感。只有在现实生活中通过长期对大量善与恶的事例进行对比，让受教育者侵受感染，才能形成比较稳固的道德情感。

3. 锻炼道德意志

道德意志是道德人格形成的关键。如果没有坚强的道德意志，就不能在道德实践中克服困难，牺牲个人利益，战胜邪恶和私欲，把善和正义发扬光大，也就无从形成理想的道德人格和品质。

4. 确立道德信念

使受教育者确立道德信念，这是道德教育的中心环节。这个环节是以其他三个环节为基础的，只有识深、情笃、意果，才能形成坚定的道德信念。有了坚定的道德信念，也就是有了精神支柱，人们的道德人格才初步树立起来。

5. 养成道德习惯

道德教育的宗旨，一方面是使良善的道德转化为人们内在的道德信念；另一方面是使这种良善的道德信念通过具体的道德实践表现为外在的道德行为，并最终形成自我的一种道德习惯。养成道德习惯后，人们对于道德规范要求习惯于遵守，须臾不离，从心所欲而不逾矩。

六、对人才学的借鉴

人才学是通过研究成才主体内在素质的变化，从而揭示人才产生和发展规律的科学。人才学研究揭示出人才产生和发展的运动过程表现为育才阶段和用才阶段。人才学与思想政治教育学有密切关系。思想政治教育学非常注重“培养什么样的人和如何培养人”的问题，思想政治教育的根本目的是为国家和社会培养现代化建设所需的人才。了解和掌握人才学所研究的育才、用才理论，对于实现思想政治教育的目的具有重要帮助。

（一）借鉴人才学关于育才的理论

1. 借鉴个体人才成长发展的过程和规律的理论

人才学研究指出，成才是人发展到一定阶段的产物。个体人才成长的过程有其运行的阶段，一般可划分为内在素质优化阶段、外在活动质变阶段和社会承认阶段。内在素质优化强调人才通过主观能动活动实现德、识、才、学、体五方面内在素质的有机统一；外在活动质变强调人才通过创造性劳动取得创造性劳动成果；社会承认是社会对成才者的素质和成果进行鉴定后予以肯定和承认的活动。成才主体的素质、成果通过社会承认，就标志着成才过程的结束，进入人才发展阶段，人才开始展示才能。经过若干次的社会承认，人才就会由初级人才上升到高级人才。人才学研究还指出，个体人才成长是有规律可循的，大致概括为以下普遍性规律：一是有效地创造实践成才规律，二是顺势成才律，三是协调成才律，四是全面发展律，五是蓄积成才律。除此以外，个体人才成长还有一些特殊规律，如纵横成才律、扬长成才律、聚焦成才律等。大学思想政治教育可通过借鉴个体人才成长过程及规律的理论，对大学生的成长过程和规律有更加科学的认识、分析和把握，以有效实现培育全面发展的社会主义新人的目标。

2. 借鉴人才的素质与开发理论

人才素质是指人才所具有的先天素质和后天品质的综合。人才素质区别于一般人的素质的核心在于人才素质的层次要求更高、潜在能量更大、可创造的预期财富更多。人才素质是由多要素组成的结构体系，包括生理素质系统和心理素质系统，其中心理素质系统又分为智能素质和非智能素质两个子系统。智能素质系统由知识系统和能力系统等构成，非智能素质系统主要包括思想政治品德系统和心理品格系统两个子系统。人才素质的开发是在认识和掌握了人才素质的基本原理、结构与功能的基础上，进一步提高人才素质，促进人才健康成长，充分发挥人才素质功能，加强人才队伍建设的必要工作。大学思想政治教育可有效借鉴人才素质及开发理论，全面剖析大学生的素质构成，采用行之有效的方法，激发并引导大学生的素质提高。

3. 借鉴人才成长和发展的环境理论

人才的成长和发展与环境密不可分。马克思主义环境论探讨出人与环境的密切关系，使得人才成长环境也成为人才学探讨的重要话题。人才成长的环境是指人才在时空中赖以存在和发展的一切外部因素的总和。根据不同的标准，人才成长的环境可分为物质环境和精神环境，可分为大环境、亚环境和小环境，可分为自然环境和社会环境，可分为历史环境和现实环境，可分为积极环境和消极环境，可分为国内环境和国际环境。其中，自然环境和社会环境是人才成长的两个重要环境，社会环境又分为宏观环境和微观环境，包括社会经济、政治、文化环境，也包括家庭、校园、单位、社区环境。人才成长的环境对人才成长有支撑、约束、塑造、激励等作用，同时人才又能够认识和改造自身成长的环境。人才成长环境理论的研究对大学思想政治教育环境论的系统研究具有直接的借鉴作用。

4. 借鉴人才社会承认的方式理论

人才的社会承认，就是指在人才成长与发展过程中，社会对成才者的素质和成果进行肯定和认可的活动。社会承认在人才成长过程中是一个至关重要的环节，只有获得社会承认，潜人才才能转化为显人才，低层次人才才能转化为高层次人才；否则，人才便会被忽视以致埋没，人才的价值便难以实现。

人才的社会承认可以通过多种方式进行，主要的方式有传播式、认定式、颁奖仪式、规范性评判式和选举式承认等几种。在人才社会承认活动中，应努力认识社会承认各构成要素，推动社会承认的科学化。大学思想政治教育在研究自身教育活动价值时，也要通过评价社会对其教育对象的素质水平的承认程度来实现，在此角度思考，人才社会承认的研究成果对大学思想政治教育评估研究具有较大的借鉴意义。

（二）借鉴人才学关于用才的理论

1. 人才的识别、选拔和考核理论

正确地识别、选拔人才，并对人才进行考核，是人才管理过程中的重要环节，是科学使用人才的前提。人才识别又称人才鉴别，应坚持灵活多样、不拘一格的原则，人才识别的方法包括考试、考察、民意评选等。人才选拔是指按照一定的要求，在一定范围内，按照一定程序和方法选择优秀人才的过程。人才选拔应坚持德才兼备、实践、竞争、公开公平、灵活性原则，选拔的方式包括考任制、选任制、委任制、招聘制、荐举制等。人才考核是指通过一定的考核方法和程序，对人才在工作中的表现进行全面了解和正确评定。人才考核包括对人才的德、能、勤、绩、识各方面的客观描述和人才优缺点的评价意见两部分。

2. 人才的使用原则

人才使用原则是在任用、配备和使用人才的过程中遵循的基本要求和准则。它主要包括宏观的党管人才原则、人才的配置使用与经济社会发展相协调的原则、人才的宏观调控与市场配置相结合的原则，也包括微观的用人单位任人唯贤，尊重信任、用养并重、扬长避短、激励、择优汰劣原则。人才学的用才理论，为大学思想政治教育队伍建设的理论和实践提供了丰富的知识借鉴。

第二节　大学生思想政治教育对我国思想政治教育经验的借鉴

一、传统文化中思想政治教育智慧

传统德育思想是我国德育教育的重要内容，也是中华民族五千年来沉淀的思想精华，在开展思想政治教育的过程中我们一定要融入传统道德思想，激励当代大学生弘扬中华民族传统文化。

（一）先秦时期的思想道德教育理论

1. 先秦时期我国主要的思想流派

殷商时期，奴隶主阶级为了巩固自己的统治，开始以理论的形式研究道德现象。周公创立的以“孝”为核心的宗法政治伦理思想体系，对我国之后“孝”道文化的发展起到了奠基作用，周公所创立的“孝”文化的核心是“父慈、子孝、兄友、弟恭”，以此为基础还提出了“修德配命”“敬德保民”的德政要求。

春秋战国时期是我国历史上最为动荡的一个历史时期，正是这种动荡孕育了伟大的社会变革，促成了我国文化、科技以及哲学思想的“大繁荣”，诸多的思想家就道德问题系统地阐发了各自的观点。其中以儒家、墨家、道家、法家的思想为代表。

儒家思想是以孔子的理论认识为基础发展形成的，并且孔子的学说奠定了封建地主阶级伦理学的基础。孔子的思想以“仁”为核心，经过其弟子与后人的传承与发展，成了封建阶级进行统治的理论基础，并逐渐成为我国传统文化的重要组成部分。孟轲和荀况是儒家思想的集成、发扬者，他们在研究了孔子基础理论之后，从新的角度对孔子的思想进行了阐述，完善了儒家思想。先秦儒家思想以仁为核心，主张德治。其缺点是过分夸大了道德的作用，但是它在道德规范、道德范畴、善恶评价、道德修养等问题上的论述至今对我们仍然有启发意义。

墨家思想是中国古代完整版的辩证唯物主义。墨家的观点具有强烈的社会实践精神，提倡吃苦耐劳，严于律己，将维护公理看作神圣责任。墨家思想的核心是“兼爱”与“非攻”。不同于传统的宗亲礼法制度，墨子主张废除亲疏有别的宗法道德，并提出社会交往应主张以利人为根本，这一主张体现出了墨家思想贵义尚利的功利主义特点。

道家思想以老子、庄子为代表，与儒家、墨家不同的是，他们主张效法自然，强调避世，反对世俗的道德规范和道德原则，采取了脱离人类社会生活的非道德主义态度。当然，道家超世脱俗的人生追求对后世也产生了较大的影响。

法家思想曾一度成为封建社会的统治思想，从特点上来看法家思想可分为前期和后期。前期法家在提倡以法治国的同时，还要坚持德治，这一时期法家思想的代表人物是管子；后期法家的代表人物是韩非子，他的主张比较激进，如“以法代德”，实质就是否定道德在社会生活中的作用。

先秦时期的道德伦理思想是中国传统道德的奠基时代。这一时期的思想特别是儒家学派的一些观点不仅在当时的社会产生了重大的影响，发挥了重要的作用，并且对后世的许多其他思想流派的道德思想家都产生了深远的影响，许多后来的思想就是以当时的伦理思想为出发点和前提条件发展起来的。

2. 孔子的德育思想

孔子的德育思想在我国传统德育思想中居于核心地位，是中国古代德育思想的主流。然而，当社会处于剧烈变革时期，他的德育理论往往受到强烈的质疑、猛烈的攻讦，甚至毁弃。当社会处于稳定时期，他的德育思想则被不断赋予新的内涵，不断被修改、充实与重塑，甚至成为统治阶级所推崇的精神之道。在教育理论和教育实践中，孔子将德育作为教育的基础，主张“德教为先、教而后刑”，并以此为基础构建出“仁德”学说。总结起来孔子的德育思想主要包括以下三个方面：

（1）德教为先、教而后刑。孔子继承了夏商周时期的教育理论，把对人道德素质的培养作为教育的重要内容。孔子认为，一个有德行的君子是教育的最终目标，道德教育是整个教育过程中都应贯彻的内容。相对于培养一个人正确的政治观念来说，其道德观念的培养更加重要。在教育实践中，孔子提出了具体的培养目标和道德教育的任务，那就是培养“仁智统一”而“内圣外王”的圣贤人格，即孔子所向往的高尚人格，是“圣人”“贤人”“志士”“仁人”“君子”等。其中，“圣人”居于最高层次，“君子”居于较低层次。孔子对君子的道德标准具体可归纳为以下五个方面：君子必须具备“仁德”，君子和而不同，君子“达”而“闻”，君子自己要行为端正，君子要“修己”“安人”“安百姓”。

（2）仁德学说、知情意行。孔子为了实现“道之以德”，在道德教育内容方面进行了总体设计，创造性地提出了仁德学说，并认为“仁”是最高德目，只有符合“仁”的行为才是道德的行为。“仁”是众德之总，其心理内容是“爱人”，其基本要求是“义”与“礼”，其践行纲要是“孝悌”。“仁者爱人”，有仁德之人往往具有对他人的爱心。他不仅能够爱自己，还能够爱自己的亲人，以及其他非亲非故的人，即“泛爱众而亲仁”。孔子认为爱有差等，即对待不同的人应该有不同的爱。对待父母的爱是最高一等的，即孝，后人对此的解释是百善孝为先。其次是对待自己的兄弟姐妹的爱，即悌。君子在孝敬父母的前提下，应该友爱兄弟。因为自己和兄弟是同一个父母，如果不能友爱兄弟，也就不能孝敬父母。“礼”是“仁”在“孝悌”之行以后的另外一个方面。如果说孝悌表现的是一种对亲人的爱，那么“礼”则表现的是对待亲人的一种恭敬之心。“义”是君子对待朋友的一种爱，在本质上是与孝悌相同的，而在程度上却有差别。

（3）修身为本、因材施教。其一是身教重于言传。孔子在教育学生的实践过程中，非常注意自己的言行。孔子说：“其身正，不令而行；其身不正，虽令不从。”“苟正其身矣，于从政乎何有？不能正其身，如正人何？”从这两句话中我们可以看出孔子主张教学要以身作则并不是说给人听的，而是要践行的。“君子之德风，小人之德草，草上之风必偃。”孔子强调榜样的示范作用是无可替代的，身教永远重于言教。其二是修身务本。孔子认为，身教大于言传，想要对学生的行为进行引导，老师自身的修养也十分重要。围绕这一主张，孔子提出了一系列的修身方法，主要有以下几个。①学思并重。在修身中，“学”和“思”是孔子十分注重的两个方面，他主张应该将“学”与“思”结合起来，如“学而不思则罔，思而不学则殆”，只有二者并用才能达到良好的修身效果。②克己与内省。反省是一个自我提升的内在过程，也是一种道德体验，作为道德生活的参与者，自然会不可避免地体验生活中的道德现象与道德行为，并且会对道德生活产生一定的感悟。孔子十分重视道德主体心性的修养，而这种修养主要是通过反省内求实现的，并且只有通过自我努力才能形成道德修养提升的内在推动力。③推己及人。孔子在道德教育中提倡忠恕之道，即尽己之心以待人和推己之心以及人，所谓“己欲立而立人，己欲达而达人”。人心是相同的，己所不欲，勿施于人，慎言而敏行。孔子指出：“敏于事而慎于言”“讷于言而敏于行”“言中伦，行中虑”。孔子教育人们要少说空话，多干实事，努力将道德行为准则付诸实践。④因材施教。孔子因材施教的主张主要有两层含义：第一是针对不同的教育对象注入不同的教育内容；第二是针对不同的教育对象，施行不同的德育。每个人的个性、经历以及对知识的敏感程度都不相同，不同性格以及智力水平的人需要不同的教学方法才能获得良好的效果。⑤启发诱导。孔子在教学过程中最成功的经验就是启发诱导。孔子是世界教育史上第一个提倡并运用启发诱导教学原则与方法的教育家，孔子提倡在教学过程中，教师要注意把握住讲解问题的最佳时机，及时施教，当学生思考问题已有所得，欲表达又表达不清楚时，教师再给以及时的启发，这里关键的问题是激发学生的学习动机，把教学变成学生主动探索的过程；否则，越俎代庖，搞填鸭式、满堂灌，代替思考和表达就会导致教学过程的失败。启发诱导反映到现代教育实践中也具有很高的应用价值，在教学过程中避免“填鸭式”的内容灌输，而是通过学习内容的趣味性、教学手段的合理应用以及对学生心理特点的把握，引导其形成道德认知，发展道德情感，激发其内在的学习自省动力，养成道德行为。

（二）秦汉时期的思想道德教育理论

这一时期我国传统道德思想领域形成了儒家独尊的地位。秦王朝建立以后，统治者吸取了法家“专任刑法”的法治思想，以严刑峻法维护统治，巩固政权，结果被农民大起义所推翻，结束了仅维持 15 年的秦朝统治。取秦而代之的汉王朝意识到严刑峻法不是巩固统治的良药，而将道德、教化作为统治民众、稳定社会的基础，因此儒家思想开始逐渐进入统治者的视野，并成为封建社会的统治思想。西汉初期出于恢复民力、休养生息的目的，统治者推崇“无为而治”的道家学说，在社会状况好转之后汉武帝采纳董仲舒提出的“罢黜百家，独尊儒术”的建议，将以仁义道德为核心的儒家伦理思想推至高峰，一度成为最高层阶级的统治思想。儒家伦理思想独尊地位的确立，适应了时代的需求，也符合统治者的统治意愿，因为儒家思想为大一统统治提供了足够的道义上的支持，这也是历代统治者都尊崇儒家思想的根本原因。董仲舒的儒家思想并不是单纯的儒学思想，而是以先秦时期孔孟的主要思想和理论为基础，并吸收道家、法家、阴阳五行学说以及神学思想形成的一种带有目的性的思想理论。他的思想与之前的儒家思想还是有所不同，儒家思想将帝王作为上天神圣统治的代言人，确认了封建君主的统治地位。而董仲舒将“天道”推演为“人道”，将“仁政”“德治”作为王道政治的根本原则。儒学伦理思想作为封建统治阶级正统道德理论，在社会生活中发挥其独尊的作用。

（三）魏晋南北朝时期的思想道德教育理论

汉末以后的魏晋时期国家分裂、社会变乱及“九品中正法”的推行和门阀士族腐朽的生活方式，以神学作为理论形式的封建名教纲常逐渐失去了对人民的影响力。然而出于巩固统治的需要，魏晋统治者维护名教，将名教作为剪除异己、镇压群众的工具，同时又要为名教寻找能够继续生存和发展的新的理论依据和表现形式，并以此为其放荡不羁、荒淫无度的腐朽生活方式做辩护。随着当时中国社会的经济转移、民族融合、文化交流和教育变革，适合封建门阀士族需要的“玄学”思想开始出现，他们以“三玄”，即《老子》《庄子》《周易》为主要研究对象，在伦理道德方面主要是论证“名教”与“自然”的统一。

魏晋玄学的盛行，也使佛教依附玄学得以传播。佛教宣扬因果报应，转世轮回，主张“出世”，超脱现实，提倡修行成佛。大乘空宗的佛学思想与道家玄学思想类似，因此，许多佛教徒借助玄学传播佛教。同时，门阀士族为了巩固其统治和愚化百姓的需要，大力推崇佛教，使佛教得以迅速发展。这一时期也出现了以范缜为代表的无神论者，他们从形神关系入手对佛学思想的理论基础神不灭论进行了批判。而且由于佛教与儒家伦理道德的格格不入，也引发了佛教与儒家礼教纲常的矛盾，产生了儒家的世俗道德与佛教的宗教道德之间的斗争。为此，佛教也力争调和儒佛，强调佛教教义、佛教的人生哲学与儒家伦理道德的一致性和互补性。总之，魏晋时期随着玄风的盛行、佛教的传播，在伦理思想上出现了儒道释三家既相互斗争又彼此吸收的复杂格局。这种状况也直接影响了隋唐时期的伦理思想。

总之，魏晋至隋唐时期的伦理道德思想的突出特点是儒、佛、道三家在相互斗争的过程中相互吸收，趋向合流。

（四）宋明时期的思想道德教育理论

宋至明中叶的伦理思想贯穿着理学与反理学的斗争。宋代以后，中国封建社会进入后期发展阶段，社会矛盾较为尖锐和复杂，统治者对农民盘剥的加剧，激化了阶级矛盾，爆发了多次农民起义。外族的侵扰，也使宋代的民族矛盾日益激烈。统治阶级内部的官僚大地主与中、小地主之间也产生了严重的对立。为了加强君主专制统治，适应官僚大地主利益的要求，统治者需要确立一种更加完备精致的伦理思想，以调节种种社会矛盾，维护封建的道德纲常，由此，便产生了理学伦理思想。理学伦理思想主要包括程朱学派和陆王学派两大派别。程朱学派是“理”一元论的客观唯心主义“理本派”。其伦理思想奠基于程颢、程颐，由朱熹集大成。陆王学派是“心”一元论的主观唯心主义“心本派”。理学伦理思想尽管有着不同的学派，但根本观点则是基本一致的。从基本立场来说，理学使儒家伦理思想获得了完备的理论形态，并以新的形式重新取得了“独尊”地位。理学本宗孔孟儒学的立场，以继承儒家传统为出发点，同时又吸收佛、道思想，在道德的本原、人性论、理欲观、理想人格的培养等方面，集儒、佛、道于一体，以“理”为最高范畴，以“存天理、灭人欲”为基本纲领，形成了更系统更精致的封建伦理思想体系，也使儒家伦理思想的发展达到了最高阶段。“存天理，灭人欲”是理学各派别的共同思想纲领，其目的是以禁欲主义的思想强化封建礼教，反对农民阶级的“均贫富”的要求，维护封建纲常伦理制度。“存理灭欲”是理学伦理思想所推崇的理想人格标准，朱熹认为要通过“居敬穷理”的学者功夫，使用“学、问、思、辨”、知先行后的方法，而达到格物致知。朱熹明确指出：“知行常相须，如目无足不行，足无目不见。论先后，知为先；论轻重，行为重。”显然，从道德发展的顺序上，朱熹是认为“知先于行”的，因此，他根据这个特点提出了道德修养的基本顺序，即“博学、审问、慎思、明辨、笃行”，进而又提出了“博约相济、积累渐进、日用切己、温故知新”的道德修养原则，形成了儒家道德理学观思辨的理论体系。理学伦理思想中关于知行的争辩，把传统道德修养理论推向一个新的发展阶段。

（五）明清时期的思想道德教育理论

明末清初，中国封建社会的发展开始步入晚期，并逐渐走向衰败。明中叶以后，我国开始有了资本主义的萌芽，然而却受到了封建专制主义的压制。封建统治者的高压政策、横征暴敛，阶级矛盾空前尖锐，最终导致了李自成和张献忠领导的农民大起义；满族贵族的入侵，使民族矛盾日趋尖锐，以程朱理学为代表的封建伦理思想，虽然仍处于正宗地位，但其专横、腐朽的思想统治，不仅禁锢了人们的思想，更为严重的是阻碍了社会的发展，给整个民族带来了祸害。在这种特定的历史条件下，一批进步的思想家如李贽、黄宗羲、王夫之、顾炎武、颜元等人，对以程朱理学为代表的儒家学说进行了一定的批判，对统治中国千百年的儒学经典的统治地位形成了强烈的思想冲击。在道德伦理问题上，他们把道德与功利、天理与人欲统一起来。虽然他们的观点各异，批判侧重点也有所不同，但是他们都以程朱理学为代表的封建伦理思想为批判对象，带有反封建的启蒙意义。这些观点对近代乃至当代道德教育都产生了重要影响。

二、大学生思想政治教育经验的发扬

中国共产党历来重视大学生思想政治教育，中华人民共和国自成立以来，在各级领导和教育主管部门以及高等学校的不断努力下，大学生思想政治教育工作取得了卓越的成效，也收获了一些宝贵的经验。

（一）紧密结合马克思主义理论中国化的新发展

大学生思想政治教育开展了学习毛泽东著作和毛泽东思想的教育，用毛泽东思想武装头脑，在毛泽东思想的指引下，广大学生加深了对反对帝国主义、封建主义和官僚资本主义革命斗争的认识，加深了对新民主主义革命与社会主义革命的认识，更加深刻地认识到社会主义制度的来之不易与中国共产党领导人民建立中华人民共和国的卓越贡献，更加自觉地团结在党的周围。十一届三中全会以来，以邓小平为主要代表的中国共产党人，解放思想，实事求是，实行改革开放，开创了社会主义事业发展的新时期，创立了邓小平理论。邓小平理论是马克思列宁主义基本原理同当代中国实践和时代特征相结合的产物，是马克思主义在中国发展的新阶段。大学生思想政治教育开展了邓小平理论的教育教学，推进邓小平理论进课堂、进教材、进学生头脑工作，使广大学生认清了“什么是社会主义、怎样建设社会主义”，增强了广大学生建设社会主义的信心。十三届四中全会以来，以江泽民为主要代表的中国共产党人，积累了治党治国的宝贵经验，形成了“三个代表”重要思想。“三个代表”重要思想是马克思主义理论中国化的新发展，高等学校积极组织大学生认真学习“三个代表”重要思想，引导广大学生深刻认识中国共产党是中国工人阶级的先锋队，是中国人民和中华民族的先锋队，是中国特色社会主义事业的领导核心，只有始终坚持党的领导，才能夺取中国特色社会主义伟大事业的胜利，增强广大学生对党的信赖。党的十六大以来，以胡锦涛为总书记的党中央，集中全党智慧，提出了以人为本、全面协调可持续发展的科学发展观。习近平新时代中国特色社会主义思想，是对马克思列宁主义、毛泽东思想、邓小平理论、“三个代表”重要思想、科学发展观的继承和发展，是马克思主义中国化的最新成果，是党和人民实践经验和集体智慧的结晶，是中国特色社会主义理论体系的重要组成部分，是全党全国人民为实现中华民族伟大复兴而奋斗的行动指南，必须长期坚持并不断发展。习近平新时代中国特色社会主义思想的提出，翻开了马克思主义中国化的新篇章。大学生思想政治教育深入认识习近平新时代中国特色社会主义思想，帮助广大学生懂得在新时代下发扬中国特色社会主义，开阔视野，深化大学生对“实现什么样的发展、怎样发展”的认识。

（二）坚持党的领导，充分发挥党的政治组织优势

当前，坚持党的领导，不断发挥党的政治组织优势，是坚持高等学校社会主义办学方向的根本，同时也是加强和改进思想政治教育的关键。坚持以党建为核心推进大学生思想政治教育，是我国大学生思想政治教育的独特优势，同时也是我国大学生思想政治教育的

基本经验。自中华人民共和国成立以来，党建工作一直在高校处于十分重要的地位。高校的各级党组织和党员在大学生思想政治教育中发挥了独特的影响和作用。改革开放以来，高等学校的党建工作面临着许多新情况。改革开放和社会主义市场经济的发展，社会生活和思想观念的深刻变化，以及国际局势的变化，给高校党组织和党员带来了种种影响，对党的建设也提出了新的课题和更高的要求。为此，高校在学生思想政治工作中坚持以党建为核心，在学生党建中坚持以思想建设为核心，在思想建设中坚持以理想信念为核心，不断加强学生的党建工作。在新世纪新阶段，面对经济全球化和价值多元化的冲击，面对宗教等势力的渗透，高校更以保持共产党员先进性教育为契机，不断增强在大学生中发展党员的紧迫感和责任感；以支部建设为根本，形成支部建设推动党员发展的长效工作机制；以增强党员先进性为重点，全面提高党员的素质，加大在学生中发展党员的力度，努力实现学校党建工作的新突破。

（三）坚持社会主义办学方向的原则

高等学校培养的人才是否具有坚定正确的政治方向，是否愿意为人民服务、为社会主义祖国服务，是关系我国社会主义现代化事业的前途和命运的问题。高等学校的办学方向，最重要的就是要解决办什么性质的大学、如何办大学、培养什么人、如何培养人的问题。而大学生思想政治教育直接关系培养什么人的问题，关系全面贯彻落实党的教育方针的问题。自中华人民共和国成立以来，我国的大学生思想政治教育一条最为宝贵的经验，就是坚持把正确的政治方向放在首位。

第一，坚持党的基本路线不动摇，不断排除干扰。中华人民共和国成立伊始，我国的高等教育处在从新民主主义教育到社会主义教育的历史性转变过程中，大学生思想政治教育在总结、继承和发扬老解放区学校教育的传统和吸收、借鉴苏联的教育经验的基础上，确立了新民主主义的教育方针和大学生思想政治教育的目标、任务、内容等。毫无疑问，当时大学生思想政治教育得以重新确立，靠的是中国共产党人的创造性发挥，靠的是《中国人民政治协商会议共同纲领》对文化教育政策的正确定位。当时大学生思想政治教育的主要议题就是清除国民党的影响，增强马克思主义在大学中的影响力。

第二，坚持“双为”办学方向的政治要求和价值追求相结合。中华人民共和国成立以后，我国的大学生思想政治教育始终坚持社会主义的思想道德体系，坚持培养大学生的集体主义精神，不断从巩固社会主义政权的思想基础、培养和造就社会主义事业的合格建设者和可靠接班人的高度来进行认识和定位。在思想政治理论课程建设中，以系统化地开设马克思主义基本原理课程为重点，要求学生掌握马克思主义的世界观和方法论，并且把中国革命和中国建设的伟大实践，把毛泽东思想、邓小平理论、“三个代表”重要思想、科学发展观和近平新时代中国特色社会主义思想等中国化的马克思主义作为重要的课程内容，与时俱进，不断改进内容体系和创新方式方法，从而树立起广大学生正确的世界观、人生观和价值观。

第三，坚持育人为本，德育为先，处理好德育和智育的关系。高等学校的根本任务是培养德、智、体、美、劳等全面发展的社会主义事业的建设者和接班人，要完成好这一根本任务，就要坚持“育人为本、德育为先”的重要方针。自中华人民共和国成立以来，高等学校始终坚持通过提高学生的思想道德素质，带动和促进大学生全面素质的发展。同时，在大学人才培养的各个具体环节中，高等学校始终坚持德的标准不放松。特别是在对人才评价环节中，始终以“德”作为一个最为重要的方面，在推荐工作、就业中，广大高校和各级党团组织及专职思想政治工作队伍在对大学生品德的考核中发挥了应有的作用，保证了出口关。同时，在教育中，坚持做到整体育德、全面育人、全员育人、全程育人，不断增强教育合力，提高教育实效，促进一代代大学生全面发展和健康成长。

（四）围绕党和国家的中心来开展大学生思想政治教育工作

坚持围绕中心工作开展大学生思想政治教育，是我国大学生思想政治教育工作的又一基本经验。改革开放特别是党的十三届四中全会以来，党中央坚持“两手抓、两手都要硬”的方针，切实加强和改进对大学生思想政治教育工作的领导。各地区各部门和高等学校认真贯彻落实中央要求，加强和改进思想政治教育工作，在培养高素质人才、维护学校和社会稳定等方面发挥了重要作用。以党的十八大理论和“中国梦”精神为指导，推动高等教育改革发展。大学生思想政治教育必须与国家和社会的需要及中心工作紧密结合，才能有广阔的空间和舞台。可以说，自中华人民共和国成立以来，我国的大学生思想政治教育在每一个重要历史时期，都紧紧围绕中心工作，服从和服务于中心工作，通过一系列扎扎实实的工作，推动了社会进步，促进了高教发展，在培养人才、服务建设和改革方面做出了突出的贡献。

加强和改进思想政治教育工作，最根本的是坚持和巩固马克思主义在我国意识形态领域中的指导地位，要实现这一目标，必须了解思想政治教育发展的新特点和新方法，从实际出发把思想政治教育工作做深做细，才能提高思想政治教育的实效性。对于高等学校而言，人才培养、科学研究和社会服务等是其中心工作，大学生思想政治教育工作必须紧密围绕这些工作尤其是人才培养这个中心开展，才能体现其独特价值。在具体的大学生思想政治教育实践中，高等学校密切结合各校的实际，结合每一代大学生的思想实际，努力通过各种途径和渠道，不断拓展大学生的思想道德素质，不断增强大学生的综合素质，使大学生思想政治教育为其成长成才服务。大学生思想政治教育通过社会实践、文体活动、校园文化建设、就业指导、心理咨询等多种手段，围绕人才素质结构的方方面面下功夫，始终抓住人才培养的中心工作不放松，在培养人才中找准定位、全程育人、实现价值。

（五）坚持结合大学生思想新变化的原则

自中华人民共和国成立以来，大学生思想政治教育的历史发展表明，只有紧密结合大学生思想的新变化开展教育，才能实现教育目标。20 世纪 50 年代初期，党和国家刚从旧社会制度中接管了高等学校，当时大学生的思想还不同程度地存在一些与新社会制度不适应的地方。针对大学生的思想实际，在全国大学生中开展了思想改造学习运动，帮助大学生认清了社会主义制度的优越性，把他们切实引导到社会主义道路上来。20 世纪 80 年代中后期，受改革开放环境影响，大学生对大量涌入的国外社会思潮认识不清，对国内各方面的改革举措理解不透，存在思想困惑。为此，高校开展了反对资产阶级自由化教育，开展了坚持四项基本原则教育，开展了正确处理改革、发展和稳定关系教育，为大学生拨开了思想迷雾，以良好的精神状态投入学习之中，维护了高校的稳定。进入 21 世纪以来，随着经济社会的快速发展，大学生面临较大的就业压力，同时，由于大学生大多是独生子女且多数时间都在学校中度过，社会现实生活经历较少，当面临挫折时容易出现心理问题。针对大学生的这一变化，党和国家明确指出高校要开展大学生心理健康教育，教育部办公厅印发了《普通高等学校大学生心理健康教育工作实施纲要（试行）》，成立了大学生心理健康教育专家指导委员会，明确要求辅导员做大学生的知心朋友和人生导师。实践表明，大学生思想政治教育必须坚持以人为本，贴近实际、贴近生活、贴近学生，才能不断增强思想政治教育的针对性、实效性和吸引力、感染力。

（六）充分发挥创新精神

大学生思想政治教育工作强调要充分发扬民主，广开言路，平等待人，实行疏导的工作方针，因势利导，以理服人。思想政治教育的形象大为改观，教育者和受教育者的关系得到矫正，思想政治教育发挥关心人、理解人、支持人的作用，在工作中收到了越来越明显的效果。在新时期，针对信息社会的发展和网络的普及，大学普遍建立了一些思想政治教育的“红色网站”，不断加强网络引导和网上思想政治教育。除此之外，大学生思想政治教育的模式、体制、内容、方法、载体等也在随着时代的发展而不断进行改革变化。

第三节　大学生思想政治教育对西方国家思想政治教育经验的借鉴

为促进我国大学生思想政治教育进一步发展，我们不仅要吸取中华文化的优秀成分，而且要借鉴世界一切先进文化的因子。西方多元文化主义教育思想对我国大学生思想政治教育具有重要的借鉴意义。

一、对西方古代教育理论的借鉴

（一）美德即知识

这一教育理念是由苏格拉底提出的，苏格拉底是古希腊伟大的思想家、哲学家，西方伦理道德史上第一个道德教育家，西方教育理论的开创者。他一生致力于聚徒讲学，尽管同孔子一样“述而不作”，但其教育思想通过柏拉图、色诺芬等学生的著作在西方世界广为流传，影响深远。苏格拉底德育思想与哲学观点密切相关，在西方哲学史上，他最早实现了从关注自然到关注人的伦理学转向。他认为，教育的目的是发展人，以培养出具备高尚品德和渊博知识的人才。其“美德即知识”“认识你自己”等命题以及“产婆术”教学法都为思想道德教育领域提供了丰富的思想源泉。

（二）理想教育模式

这一模式是由柏拉图提出的，柏拉图是古希腊伟大的哲学家、教育家和思想家，是苏格拉底的学生、亚里士多德的老师，客观唯心主义的奠基人。柏拉图的道德教育思想主要体现在其哲学著作《理想国》中，这是西方最早系统论述教育的著作，被卢梭誉为“一篇最好的教育论文”。该书中他以理念论为基础，设定了一个建立理想国家的方案，并系统地阐述了理想教育模式，思想道德教育贯穿其中，被认为是保证国家实现正义的决定因素。

首先，柏拉图认为知识和德行都是先天地来自人自身的“理念”。他把世界分为现实世界和理念世界，认为事物的本源在于理念，所有的事物都是理念世界的描摹，而“善”是理念世界的最高等级。他认为，人的灵魂具有先天的知识与“善”，灵魂是独立于个体的知识而存在的。这些观点构成柏拉图理想国中道德教育思想的理论基石。

其次，在理念的影响下，柏拉图认为理想教育模式的德育路径是天生、实践的学习。教育的目的在于引导人们从现象世界转向理念世界，实现理念的回复，从而接近自身所能接触到的最高的善。他认为，德育路径是天生、实践与学习。在实践方面，柏拉图尤其重视对儿童习惯的影响和培养，注重在德育过程中环境对人的潜移默化的影响，尤其在人的幼年时期和青年时期。

（三）美德乃是中庸之道

这一教育思想是由亚里士多德提出的，亚里士多德是古希腊著名的哲学家、教育家和科学家，古希腊百科全书式的人物以及教育思想和教育经验的集大成者。他对道德教育做出了比较全面和系统的阐述和论证，其德行论使古希腊伦理学达到了顶峰。他的道德教育思想是西方传统德育理论的重要基石，他首次提出了教育必须适应人的自然发展原则、必须按年龄特征来划分受教育阶段，最早从理论上论证了和谐发展教育的必要性。亚里士多德是最早的关注受教育者的思想家，他提出“美德乃中庸之道”，认为知识对于美德是极为重要的，但是这并不是唯一的必要条件，只是人的道德行为的指导。美德的形成需要知行统一，道德的最高境界是达到中庸。亚里士多德还提出了影响道德教育的三个因素，即天赋、习惯、理性，认为美德的形成，不仅仅要靠天性，还需要后天养成的行为习惯最终达到发展理性、完善美德的目标。

（四）雄辩家教育思想

昆体良是古罗马教育史上教育思想和教育经验的集大成者，西方古代世界第一个专门论述教育问题的思想家、教育家和雄辩家。其十二卷巨著《雄辩术原理》，全面地总结了古代希腊、罗马的教育思想和教育经验，系统地论述了年青一代的教育问题。该书一度失传，直到 1418 年被重新发现时，引起了人文主义者的极大反响，成为文艺复兴时期人文主义教育观的重要思想来源。昆体良的教育目标在于培养雄辩家，但他认为道德素质是理想的雄辩家所应具备的首要素质，提出了适应自然的道德教育方法。

首先，昆体良把道德培养看成雄辩家教育工作的首要任务，强调道德教育的作用。昆体良认为，优秀的雄辩家首先应具有崇高的品德，高尚的德行要比优秀的才能更加重要。他不仅把道德培养摆在教育工作的首要位置，更强调教育在个人道德品质形成中的重要作用。昆体良主张把道德原理作为学校的主要课程，并且很有创见地提出了学前教育、初等教育、中等教育和高等教育四个阶段的全部教育问题，各个阶段都安排相应的德育内容和德育方法，以期通过循序渐进、须臾不可间断的德育，使学生获得正义、善良、节制、刚毅、机智等品质，成为一个有德行的人。

其次，昆体良提出了教育应适应自然的原则和方法。昆体良承认天赋差异的存在，主张教育顺应人的自然天性，在此基础上，他还提出了一些重要的道德教育原则。他认为教育应及早开始。“越是年龄小，头脑就越易于接受小事情。正如只有在身体柔软的时期，四肢才能任意弯曲，强壮本身也同样使头脑对大多数事物更难于接受。”另外，教育应因材施教。“应当首先弄清他（学生）的能力和资质”，并要“善于精细地观察学生能力的差异……因为各个人的才能的确有不可思议的差别。人心不同各如其面”，因而要在“教学中适合个人的特殊情况和需要，使每个学生能发挥各自的长处”。昆体良还提出了教学应当遵循循序渐进的原则。他认为优秀的教师应首先了解学生的个性及能力、尊重学生的理解能力、接受能力，与儿童的天性密切结合，相辅相成，相互促进实现好的教学。

最后，昆体良高度重视教师在思想道德教育中的作用。他认为教师在教育中应才德俱优、言传身教，为人师表；教师应具备渊博的知识、澎湃的激情、高超的教学艺术；教师在教学中应运用激励、赞美的方式来激发学生努力向上的积极性。教师不仅要知识渊博，还应该讲究教学艺术，寓教于乐，形式多样，尽量采用启发式教学，特别要反对体罚，主张用激励、赞美的方式来激发学生努力向上的积极性；教师应当遵循自然教育原则，深入了解学生的心理特征、个性、才能和倾向，更有针对性地组织教学。

二、对西方近代教育理论的借鉴

（一）绅士教育思想

绅士教育是代表近代欧洲新兴资产阶级利益的一种教育观，作为绅士教育的积极倡导者，约翰·洛克受绅士文化的深刻影响，同时又赋予了其新的内涵，将新观念与旧传统融于一体，更恰当地表达了当时英国新兴资产阶级和新贵族的教育要求。正如马克思所指出的，洛克是一切形式的新兴资产阶级的代表。洛克把培养绅士看作教育的最高目的，认为真正的绅士具备“德行、智慧、礼仪和学问”四种精神品质。洛克的道德教育思想正是围绕着绅士教育的目的展开的。

首先，洛克绅士教育的理论基础和内容。“我们日常所见的人中，他们之所以或好与坏，或有用与无用，十分之八九都是由他们的教育所决定的。人类之所以千差万别，便是由于教育之故。”根据绅士教育的目的，洛克主张从德、智、体三个方面系统对绅士进行教育。他最重视体育，认为一个健康的身体是绅士从事工作的基础；其次是德育，洛克认为良好的德行是绅士的灵魂，而智育则是对绅士一切活动的辅助。在德行教育方面，绅士的德行应该具备两方面的内容：第一是理智，因为一切道德与价值的重要原则及基础在于顺从理性所认为最好的指导来克制自己的欲望，所以德行首先是自制力的培养，即培养坚忍的性格以使自己的言行符合社会的道德规范。第二是礼仪，礼仪意味着良好的举止和行为或态度，美德固然是精神上的一种宝藏，但使其焕发光彩的则是良好的礼仪。

其次，洛克绅士道德教育思想的原则和方法。洛克认为：“导师不仅应该进行劝导谈论，而且应该利用教育的工作技巧，把它提供给心理，把它固定在心田里面。”在德育的原则和方法上，洛克提出了以下几点理论：①道德教育应顺应自然和理性约束。洛克认为，教育要符合儿童“心性”，要根据儿童的个别差异因材施教。同时，人是具有理性的动物，要通过规范约束、习惯养成使其长大后能自觉接受理智的规范与约束。②道德教育应及早实践，及早训练。幼时，儿童未接受任何的知识，心智未开，最容易接受基本的道德原则，而且会受益终身。③道德教育应宽严有度和奖罚得当。洛克认为对孩子既要亲近又要让他有所敬畏，宽严结合且有度，才能使其遵守规范。奖励主要是称赞和鼓励，重在培养人们的荣誉感，而非物质奖励，惩罚特别是体罚应尽量少用。④道德教育应该综合运用说理、习惯养成与榜样教育的方法。洛克认为，由于人是理性的动物，说理是对待人们尤其是对待青少年的真正办法，他还主张在说理的同时遵循相应的规则，通过反复练习养成良好习惯，而一旦养成良好的习惯，就不需要死记规则，道德就形成于自然；在各种教育方法中，榜样是最简明、最容易而又最有效的办法，因为榜样示范符合儿童模仿性强的特点，其教育力量较之口头说教要大得多。

（二）自然教育理论

这一著名的教育理论是由让－雅克·卢梭提出的，卢梭是18世纪法国杰出的文学家、启蒙思想家、哲学家和教育思想家，著有《论科学与艺术是否败坏和增进道德》《论人类不平等的起源和基础》《社会契约论》《爱弥儿》《新爱洛绮丝》《忏悔录》等惊世骇俗的作品。其中哲理小说《爱弥儿》是他的教育代表作，被誉为西方教育思想史上三大里程碑的著作之一。该书通过塑造的对象爱弥儿的成长过程，系统地阐述了他的自然主义教育理论。卢梭的自然教育思想在西方教育领域引起了“哥白尼式的革命”，被誉为新旧教育的分水岭。

自然教育原则是卢梭德育思想的基本法则。在卢梭看来，人的教育来自三个方面，或是受之于自然，或是受制于人，或是受之于事物。我们从一出生就具有的器官和才能的发展是自然界赐予我们的，这是自然的教育。在此基础上，我们通过被不断的教育教导，知道什么事情可以做，什么事情不可以做，这是人的教育。环境教育则是指在外在的环境氛围以及身边事物的影响和熏陶下，我们不断地增强自己的知识与能力，对于环境教育人们可以有所把握，人的教育完全取决于人，但每个人的心灵有它自己的形式，必须按它的形式去指导他；必须通过它这种形式而不能通过其他的形式去教育，才能使你对他花费的苦心取得成效。因而自然的教育是人所不能办到的，必须在最自然的环境中方能实现。卢梭还提出了自然教育分期理论和德育内容与方法。自然教育原则要求教师顺应儿童天性发展，这就必须考虑两个方面的内容：第一，要考虑人的发展的自然进程，并以此确定教育目的、内容和方法；第二，要考虑到人的天性中有善良和自爱的情感。而道德教育主要是与人的情感相关联的教育，所以道德教育的关键在于把人们天性中的自爱发展为博爱的情感。在自然教育分期方面，卢梭认为自然教育可划分为四个时期：幼儿期、儿童期、少年期、青年期。在《爱弥儿》中，卢梭对四个时期的教育重点都有所论述。他强调教育应该逐渐从自然走向社会，培养能够承担“自然后果”的社会人。另外，自然教育原则在卢梭的道德教育思想中的体现，可以概括为道德教育以情感培养为主要内容，以实践活动的学习为重要路径。一方面，要让受教育者在自身成长和教育中处于主导地位，要遵循由浅入深、从具体到抽象的道德观念发展规律，从习惯养成着手，到培养道德情感、道德意志依次递进。另一方面，要从活动中学习，卢梭反对道德说教、死记硬背以及严格的纪律，强调要以行动而不以言语来实施教育。

（三）社会道德教育

这一教育理念是由功能主义教育思想的主要代表人物埃米尔·涂尔干提出的。涂尔干是法国著名的社会学家和教育学家，教育社会学的奠基人，功能主义教育思想的主要代表人物。在道德教育问题上他独树一帜，第一个把道德作为社会现实，用社会学的研究方法来研究道德，把世俗道德从宗教道德中分离出来，提出了道德三要素理论。其道德教育思想主要体现在《道德教育》《教育与社会学》《社会学研究方法论》等书中。

涂尔干提出了道德三要素理论。他认为世俗道德是由纪律精神、牺牲精神（对社会群体的依恋）和知性精神（自主或自决）三个要素组成的。他从社会学的眼光来看道德教育，认为其中的首要要素就是纪律。道德包含常规性和权威性是规范的两个特征，这就是纪律的概念。道德的次要要素就是个人对社会群体的依恋。他认为，“如果人要成为一种有道德的存在，他就必须献身于某种不同于他自己的东西，他必须感到与社会一致……道德的起点就是社会生活的起点”。道德的第三要素就是道德的知性。涂尔干认为，道德良知需要的是行之有效的自主性，而科学是我们自主性的源泉。在涂尔干看来，道德教育的目的就是培养儿童使之具有道德三要素。他以纪律作为考察的起点，认为正是通过对学校纪律的实现，我们才得以在儿童内心灌输纪律精神。学校是个体品德社会化的合适环境，小学阶段是儿童离开父母开始进入集体生活的时期，因而是最合适的道德教育年龄阶段。涂尔干还专门讨论了学校道德教育中的几个问题。首先在儿童的心理特点与纪律精神的培养问题方面。他认为儿童心理既有流动易变和情绪化的特征，又有习惯性和易受暗示性的特征，教师应恰当运用这两方面的特征，培养儿童的天性。其次在教师权威的问题方面。教师是他的时代和国家伟大的道德观念的诠释者，他必须有果敢的意志力，对自身职责有神圣的庄严感。再次是学校道德教育中惩罚与奖赏的问题。“为纪律赋予权威的，并不是惩罚；而防止纪律丧失权威的，却是惩罚。”最后，涂尔干提出了道德教育和道德教学、道德现实与道德理想、道德原则等概念的区别。他认为，道德教育重在形成习惯、唤起情感和激发行为动机，即培养纪律精神和牺牲精神，而培养道德的知性精神关键在于道德教学。

三、对西方现代教育理论的借鉴

（一）实用主义道德教育思想

约翰·杜威是美国实用主义哲学家的代表人物，实用主义教育的创始人，其实用主义教育思想不仅对美国，而且对世界许多国家包括中国、苏联的学校教育都曾产生过广泛而深刻的影响。当时，以赫尔巴特为代表的“传统教育”思想使美国学校教育与社会生活完全脱节，杜威的实用主义教育思想正是以“传统教育”为对立面形成并发展的，它建构于实用主义经验论、机能心理学和民主主义理论的基础上，强调教育与生活、学校与社会的联系，强调从实践中学。学校道德教育理论是杜威实用主义教育理论的重要组成部分，主要体现在他的《教育中的道德原理》《学校与社会》《中学伦理学教育》和《民主主义与教育》等论著中。

“教育即生活”与“学校即社会”是杜威教育思想中的两个基本观点。他认为，教育是经验不断改造的过程，是经验的生成、生长过程，最好的教育是从生活中学习，从经验中学习，所以“教育即生活”“教育即生长”。另外，教育是一个社会生活过程，学校就是社会生活的一种方式，学校必须为儿童呈现现在的社会生活，因而学校应该是一个雏形的社会，“学校即社会”。杜威认为，思想道德教育的目的是培养美国社会的良好公民。他反对传统道德教育脱离现实生活进行纯道德观念的传授，强调教育应与生活和社会保持一致，因为“只有当学校本身是一个小规模的合作化社会的时候，教育才能使儿童为将来的社会生活做准备”。这就意味着，学校思想道德教育的内容要以社会生活为主。

“以儿童为中心”“从做中学”是杜威实用主义道德教育的基本原则。杜威提出，教育的基本原则应该是“以儿童为中心”和“从做中学”。“以儿童为中心”，就是一切以儿童为出发点，以儿童为目的。儿童教学必须在心理学的基础上探索儿童的本能、兴趣和习惯，都应该服从于儿童的兴趣和经验的需要。按照这两个基本原则，杜威认为学校道德教育要采取间接的道德教育途径，即将道德教育寓于学校生活、各类学科的教学和日常学习生活实践中，特别是要通过儿童参加各种活动和社会实践来加强道德训练。他提出两种学校道德教育方法。一是要以探究、商量和讨论的方法来代替传统教育中强制性灌输的方法，这是“以儿童为中心”的必然诉求；二是“从做中学”，即社会实践的道德教育方法。他认为通过社会实践可以避免传统道德教育空洞说教、强行灌输而导致的知行脱节的弊病。

（二）个性全面和谐发展

“个性全面和谐发展”教育思想于20世纪中期在苏联产生。其主要代表人物是苏联教育家苏霍姆林斯基。“个性全面和谐发展”教育思想提倡由体育、德育、智育、劳动教育和美育组成的个性全面和谐发展教育，强调把学生培养成个性全面和谐发展的人。

苏霍姆林斯基的个性全面和谐发展理论认为，道德教育必须遵循以下四条基本原则。

其一，必须尽量使人们丰富多样的才能、天赋、兴趣和爱好等个性特点充分发挥。这就要求教师尽可能地了解孩子的个性特点，因材施教。

其二，集体的道德素质是个体道德素质的源泉。由于外部环境是学生精神生活的决定因素，学校集体是学生的外部环境，所以苏霍姆林斯基强调集体教育，重视学校集体对学生道德教育的特殊作用。

其三，在德育中要重视培养学生的自我教育能力。苏霍姆林斯基认为，只有激发自我教育的教育才是真正的教育，在建立丰富多彩的集体生活的基础上，教育的关键就在于，要激发学生良好的精神状态以及自我教育的愿望和要求，只有通过儿童自我教育、自身努力，才能形成良好的道德品质。

其四，宽恕优于惩罚，惩罚必先教育。在苏霍姆林斯基看来，惩罚要少用、慎用，惩罚的目的在于教育，惩罚必先教育才有意义，不过，只要儿童不是故意作恶，一般都不应给以惩罚，在这种情况下，恰恰可以通过宽恕触及儿童自尊心的敏感部分，使其产生改错的意愿和积极性。无疑，这些原则对现在来说也是很有益的。

在具体实施德育的过程中，苏霍姆林斯基认为这些方面非常重要：①要注意儿童良好道德习惯的培养。童年是道德习惯养成的关键时期，必须重视道德教育，使他们逐步认识社会的道德准则，尽早养成良好的道德习惯。②要注意培养儿童丰富的道德情感。他认为，道德情感乃是“道德信念、原则性和精神力量的核心和血肉；没有情感，道德就会变成枯燥无味的空话”。③要帮助儿童树立坚定的道德信念。苏霍姆林斯基深刻地认识到，道德信念是道德发展的最高目标，德育就是要在儿童的心目中把道德概念变为道德信念，只有当道德行为形成道德习惯并最终成为儿童内心信念支配下的行动时，儿童才能够把道德行为、道德习惯、道德情感和道德意识全部融为一体，才能称得上形成自己的道德品质。

第三章　新时代背景下高校课程思政教学创新研究

大学生思想政治理论课是中国特色社会主义事业的重要组成部分，是对大学生系统进行马克思主义理论教育的主渠道和主阵地，在培养中国特色社会主义现代化建设事业的合格人才和社会主义事业接班人方面发挥着积极的作用。

第一节　大学生思想政治理论课的内容构成

一、大学生思想政治理论课的内容变化情况

从我国高等学校思想政治理论课程的发展来看，中华人民共和国成立以来我国高校思想政治理论课程内容体系发生了四次重大的变化。一是马克思主义理论教育“老三门”方案，这个方案从中华人民共和国成立以来到 1985 年，马克思主义理论课从总体上基本维持辩证唯物主义与历史唯物主义、政治经济学和中共党史等三门课程，文科学生另加国际共产主义运动史课程。二是马克思主义理论教育“新三门”方案，这个方案的执行时间是从 1985 年至 1998 年，马克思主义理论课总体上维持中国革命史、中国社会主义建设、马克思主义原理三门课程，文科学生另开当代世界经济政治与国际关系课。三是马克思主义理论与思想品德课程“98”方案，这个方案持续时间为 1998 年至 2005 年。四是思想政治理论课程“05”方案，这个方案从 2005 年开始试点，2006 年在全国范围内全面展开。

中宣部、教育部 2005 年下发《关于进一步加强和改进高等学校思想政治理论课的意见》及实施方案（简称 5 号文件和 9 号文件），明确规定了思想政治理论课程设置和教学内容。

5 号文件明确提出：要以马克思主义中国化的理论成果，即毛泽东思想、邓小平理论和“三个代表”重要思想为中心内容，完善思想政治理论课程体系。立足于对大学生进行系统的马列主义、毛泽东思想、邓小平理论和“三个代表”重要思想教育，进一步推动邓小平理论和“三个代表”重要思想“进教材、进课堂、进大学生头脑”工作的发展，帮助学生掌握中国特色社会主义理论的科学体系和基本观点，指导学生运用马克思主义世界观、

方法论去认识和分析问题。开展马克思主义人生观、价值观、道德观和法制观的教育，引导学生树立高尚的理想情操和养成良好的道德品质，树立体现中华民族优秀传统和时代精神的价值标准与行为规范。开展中国近现代史的教育，帮助学生了解国史、国情，深刻领会历史和人民是怎样选择了马克思主义，选择了中国共产党，选择了社会主义道路。开展党的路线、方针和政策的教育，帮助学生正确认识国内外形势。

9号文件规定了课程教学的基本内容为：

马克思主义基本原理，着重讲授马克思主义的世界观和方法论，帮助学生从整体上把握马克思主义，正确认识人类社会发展的基本规律。

毛泽东思想、邓小平理论和“三个代表”重要思想概论，着重讲授中国共产党把马克思主义基本原理与中国实际相结合的历史进程，充分反映马克思主义中国化的三大理论成果，帮助学生系统掌握毛泽东思想、邓小平理论和“三个代表”重要思想基本原理，坚定在党的领导下走中国特色社会主义道路的理想信念。

中国近现代史纲要，主要讲授中国近代以来抵御外来侵略、争取民族独立、推翻反动统治、实现人民解放的历史，帮助学生了解国史、国情，深刻领会历史和人民是怎样选择了马克思主义，选择了中国共产党，选择了社会主义道路。

思想道德修养与法律基础，主要进行社会主义道德教育和法制教育，帮助学生增强社会主义法制观念，提高思想道德素质，解决成长成才过程中遇到的实际问题。

形势与政策课列为每个学生的必修课程。该课程理应是高校思想政治理论课的重要组成部分，在大学生思想政治教育中担负着重要使命，具有不可替代的重要作用。所以，形势与政策课必须坚持以马克思列宁主义、毛泽东思想、邓小平理论和“三个代表”重要思想为指导，牢固树立和认真落实科学发展观，紧密结合全面建设小康社会的实际，针对学生关注的热点问题和思想特点帮助学生认清国内外形势，教育和引导学生完全准确地理解党的路线、方针和政策，积极投身现代化建设的伟大事业。该课程讲授的主要内容应该包括：进行党的基本理论、基本路线、基本纲领和基本经验教育；进行我国改革开放和社会主义现代化建设的形势、任务和发展成就教育；进行党和国家重大方针政策、重大活动和重大改革措施教育；进行当前国际形势与国际关系的状况、发展趋势和我国的对外政策，世界重大事件及我国政府的原则立场教育；进行马克思主义形势观、政策观教育。

二、当代大学生思想政治理论课的主要内容

（一）当代大学生思想政治理论课内容确定的依据

1. 坚持马克思主义立场

马克思主义不但是高校思想政治理论课研究的指导思想，也是高校思想政治理论课内容设立的首要依据。马克思主义的立场、观点和方法的教育就是对青年大学生进行思想政

治理论课程教学的目的之一。思想政治理论课教学的观念指向和价值指向是显而易见的。马克思主义认为，思想政治理论属于上层建筑，是观念的、意识形态的一部分。思想政治理论课教学主要就是思想政治理论的教育和传输，所以思想政治理论课内容如何选用、思想政治理论课如何分配，以及把思想政治理论的各种观点如何融入思想政治理论课的教学和实践中，就显得特别重要。然而，需要指出的是不能错误地认为意识形态教育可以随意地剪裁思想政治理论课内容，也不能不加选择、不加编排地把杂乱的理论观点和历史事实倾倒给学生。要知道它是在马克思主义历史与唯物主义理论的指导下，以现实提出的问题为前提，以事实为基础，有选择地赋予思想政治理论课有意义、有价值的内容，对思想政治理论课教学做出合理的安排，使青年大学生认识到中国社会的历史发展规律，认识到思想政治理论课教学的必要性和现实的合理性，增强青年大学生的社会认同和对政治的支持。

2. 坚持现阶段党的基本路线

现阶段，党的基本路线即“一个中心，两个基本点”，其最核心的内容是以经济建设为中心。在马克思主义的观点看来，经济是基础，政治是经济的集中表现，生产力是社会发展最根本的决定因素。在全党集中力量进行社会主义现代化建设的历史时期，发展社会生产力是党的最根本任务、最大的政治任务。离开了经济建设这个中心和发展生产力这个根本任务，党的建设也就失去了正确的方向。虽然高校不完全是经济生产单位，但是要想发展经济就必须依靠教育，因为要使生产力得到又好又快的发展，首要的任务也是必须先提高劳动者的素质。

当前，我国社会正处于市场经济体制从逐步确立到完善的发展阶段，体制转轨所带来的影响涉及社会生活的各个方面，这些变化要求我们的思想观念和价值体系紧跟形势的发展。作为社会未来发展的生力军的大学生，应逐步确立起自主、平等、开放、竞争、法制意识，确立良好的社会人格和职业道德，在充满诱惑的社会生活中保持知荣辱、辨善恶的素质和品格。这也正是思想政治理论课教学的重要任务。随着经济全球化的深入发展，各国在经济、文化、教育等各方面的交流不断加强。这给我国的经济发展带来了前所未有的机遇。对此，高校思想政治理论课教学对大学生学习马克思主义基本理论提出了更高的要求，强调学习马克思列宁主义要结合贯彻党的基本路线的实践。

（1）党的基本路线为思想政治理论课内容的设置指明了方向。以经济建设为中心是党的基本路线的中心，在整个社会主义初级阶段，思想政治理论课教学必须紧紧围绕这个中心不放松，必须坚持四项基本原则不动摇。改革开放是强国之路，高校必须投身到改革开放的洪流中去。从本质上来讲，改革开放就是要我们打开国门，学习世界上一切国家、一切民族的长处，利用人类文明的一切优秀成果来发展我们社会主义国家的生产力，提高人民的生活水平，增强社会主义国家的综合国力。在思想政治理论课教学中，对于其他政党、国家、民族的东西，必须采取扬弃的态度，取其精华，去其糟粕，坚持思想政治理论课教学的正确方向。

（2）迎合党的基本路线的实践需要来改革思想政治理论课教学内容。习近平同志曾经在中央党校的讲话中指出对干部要注意抓好马列主义、毛泽东思想和邓小平建设有中国特色的社会主义理论的学习，加强对经济学知识和工作实践经验的学习，以及加强现代科学文化的学习等三个方面的学习。这些讲话的内容实质上就是在强调要坚持党的基本路线。如此一来，它对高校思想政治理论课教学同样提出了具体的要求。因此，思想政治理论课的教学内容必须迎合党的基本路线的实际需求。

在马克思主义理论学习中，要综合学习和运用新的四门课程教学的知识研究建设中国特色社会主义这个主题；还应增加下列内容：各地区、各部门如何服从、服务于党的基本路线，经济体制改革与政治体制改革，世界经济一体化与中国社会主义经济建设，世界政治的发展与中国肩负的社会主义历史使命，当代科学技术的新发展与我国社会主义经济建设及知识经济等方面的内容，使思想政治理论课教学内容紧密围绕党的基本路线，保证党的基本路线的贯彻实施。

3. 立足我国的现实状况，着眼未来发展

（1）立足我国的现实状况，设置思想政治理论课的教学内容。改革开放以来，我国生产力水平有了很大提高，综合国力达到可观程度，社会发展接近小康水平。然而总的来说，我国人口多，底子薄，地区发展不平衡，生产力不发达的状况没有从根本上得到改变，我国社会主义社会现在仍然处于并将长期处于社会主义初级阶段。思想政治理论课教学在内容安排上必须让大学生认清这一客观事实：虽然我国现代化建设取得了举世瞩目的伟大成就，但是，我国生产力水平还远远落后于发达国家。我国必须在社会主义条件下经历一个相当长的历史阶段，去实现发达国家用了二三百年才实现的工业化和经济的社会化、市场化、现代化。思想政治理论课的教学内容要立足于我国的现实状况，进而帮助学生清醒地认识自己肩负的国家富强、民族振兴的重任，使他们以国家繁荣、民族昌盛为己任，珍惜每一刻，把握每一个机会，发奋读书，立志成才，做社会主义现代化事业的建设者和接班人。

（2）着眼未来发展趋势，设置思想政治理论课教学内容。未来社会将比今天更进步、更文明，这是历史发展的必然。当今世界文明进步首先表现在科学技术的迅猛发展上。世界科技发展速度惊人，新的技术不断地涌现，并影响着人类的生活。克隆技术的成功，人体染色体的人工合成，将会产生深远的和难以估量的社会经济影响。“科学技术是第一生产力”已不再是理性的思考。社会实践证明，当今科技的发展不仅是经济增长的决定因素，而且影响着我国的综合国力和社会经济结构以及人民的生活水平，并改变着人们认识客观世界的手段、方式和能力，以至对哲学、社会科学也带来巨大冲击。高校思想政治理论课必须让大学生深知，未来的科技发展神速，未来的社会千变万化，要使中华民族自立于世界民族之林，不但要具有高度发达的科学技术，而且要具备高度发达的思维创造能力。人们的意识在适应形势发展的同时，还要对未来的发展做出前瞻性的预测，否则于国于己都是不利的。正如邓小平同志所说："我们不但要看到近期的需要，而且必须预见到远期的需要；不但要依据生产建设发展的要求，而且必须充分估计到现代科学技术的发展趋势。"邓小平特别强调教育要面向未来，教育要从现代化建设、当今世界的特点及未来的发展趋势出发，培养大批合格人才。高校思想政治理论课教学亦是如此，思想政治理论课教学内容的设置要面向未来，面向现代化，必须着眼于知识经济的发展，以战略眼光重新审视思想政治理论课的教学目标和人才培养模式，把专业教育与普通教育、科学教育与人文教育、理论教育与科学研究及社会实践结合起来，提高大学生的学习、就业、工作转化和创业能力，使大学生不仅学会"做事"，还要学会"做人"，学会"生存"。

4. 从大学生的思想实际出发

伴随着对外开放和经济体制改革的不断深化，社会的政治、经济、文化生活发生了翻天覆地的变化，个体的发展空间得以大幅度的扩大。大学生思想活跃，博览群书。面对日趋激烈的社会竞争，他们学会了更加崇尚求真务实。通过各种形式深入工厂、农村、城镇等社会生活的各个领域，了解社会的政治、经济、文化及人们生活的发展状况，亲身实践，力求从思想上、行动上赶上时代的步伐。能者多劳，真正体现按劳分配的经济法则教会了当代大学生更注重知识的学习和能力的培养，注重自我价值、自我设计的实现，以便在未来的市场竞争中确立自己的支点。这时如果仍按过去一成不变的思想政治理论内容和方法进行教育，脱离市场经济条件下大学生关注的热点，会引起学生的轻视甚至反感。只有从大学生的思想实际出发，从大学生的切身利益出发，建立在大学生关注热点基础上的思想政治理论教育教学才会受到大学生的欢迎，进而也才能达到思想政治理论教学的目的。

变化的时代要求高校思想政治理论教学内容增强针对性，即教学内容要反映国内外的重大现实问题以及大学生的思想和实际问题，从大学生的思想实际和切身利益出发，及时充实和调整思想政治理论教育内容体系，在继承传统教育精华的同时，体现出新时期对大学生素质的新要求，注意增加一些具有大学生个体特殊性，有效缓解其思想矛盾、心理冲突、情感困惑等问题的相关内容，进而促进大学生成长、成才、成就、成功。

（二）当代大学生思想政治理论课的主要内容

新时期高校思想政治理论课的主要内容包括马克思主义教育，基本国情和形式与政策教育，党的基本理论与基本教育经验教育，世界观、人生观和价值观教育，道德观和法制观教育以及历史观教育等等。

1. 马克思主义教育

高校思想政治理论课的马克思主义教育包括马克思主义立场教育、马克思主义的观点和方法教育等。

（1）马克思主义立场教育。在当前社会主义市场经济条件下，马克思主义立场教育主要是用马克思主义占领高校思想政治理论课程教学的阵地，坚定社会主义信念。

马克思主义是无产阶级和人民群众的思想武器，是无产阶级和人民群众利益的代表者。这种鲜明的党性和阶级性使得我们在思想政治理论课程教学中始终不能丢弃这个武器，在纷杂多变的社会生活中要始终坚持用马克思主义占领思想阵地，把巩固发展社会主义意识形态的任务落到实处。要坚持不懈地对干部群众进行马克思主义基本理论的教育，旗帜鲜明地同各种错误思潮做斗争。

在社会主义初级阶段，马克思主义与反马克思主义、唯物主义与唯心主义、无神论与有神论、科学与伪科学的斗争将是长期的、复杂的，有时是很激烈的。在思想理论领域，对事关政治原则、政治方向的问题，必须旗帜鲜明、立场坚定、分清是非，对于反马克思主义、唯心主义、有神论、伪科学等错误的东西，绝不能听之任之。绝不允许这些错误的东西与我们争夺群众、争夺思想阵地。我们要密切关注社会政治方向，分析各种错误思潮形成、传播、蔓延的现象，不断提高我们的政治敏锐性和鉴别力，坚决同各种错误思潮和封建迷信、伪科学等社会丑恶现象做斗争。要见微知著、防微杜渐，把问题解决在萌芽状态，绝不让其自由泛滥。

在当前和今后一个相当长的时期，我们要把坚定社会主义信念作为一个紧迫、重大的问题加以解决，应当充分肯定社会主义已经取得的历史成就，全面认识中华民族的伟大复兴与社会主义的胜利前进之间的关系，看到社会主义必然胜利的光辉前景。因此，我们有理由坚信社会主义的前途是无比广阔的，坚定社会主义信念是非常必要的。

（2）马克思主义的观点和方法教育。辩证唯物主义和历史唯物主义的世界观是马克思主义的观点集中体现。而用这种观点看待事物、分析和解决问题，就是方法论。在此，观点与方法是高度统一的。进行马克思主义观点和方法的教育，当前最重要的是树立辩证思维的观念，教育人们辩证地看待传统观念，教育人们辩证地看待新出现的观念，教育人们辩证地看待外来观念，教育人们辩证地否定旧观念、肯定新观念，克服主观性、片面性、随意性。在思想政治理论课程教学中，帮助人们端正各种思想认识，实现思想政治理论课教学的观念创新。

在思想政治理论课教学中，无论是对旧观念的否定还是对新观念的肯定，都切忌绝对化。应当看到，新观念与旧观念虽有质的区别，但有着千丝万缕的联系。旧观念中包含着对新观念形成有积极意义的东西，新观念也有可能转化成旧观念。因此，只有运用辩证思维方法，科学地去粗取精、去伪存真，才能实现观念的创新。

2. 基本国情和形势政策教育

形势政策教育，不但历来是党的思想政治理论课教学的一个重要内容，而且是中国共产党思想政治理论课教学的优良传统。形势教育主要包括国内形势教育和国际形势教育。形势教育可以使人们学会正确认识和分析形势，正确理解党的路线、方针、政策，坚决完成党和国家的各项任务，增强对社会主义事业的信心。而政策是实现党的路线的行动准则，是党的一切实际工作的出发点。政策教育可以使人们在社会生产、社会生活的实践中，做到更加理性、心中有数、自觉地与党和政府保持一致。

（1）当前基本国情和形势教育

我们要持一种辩证的态度来看待当前的基本国情和形势。既不能妄自尊大、盲目乐观，又不能悲观失望、缺乏信心。改革开放以来，由于我国经济实力迅速增强，国内和国际面临的形势总体上是好的：我国人均国民生产总值年递增率连续快速增长，GDP 从整体上已经达到小康水平；我国从人口大国正在向人力资源大国转变；经济体制转轨与社会结构的转型同时进行，使中国实现了跨越式的发展；经济全球化的影响已渗透到我国的生产、流通、金融、能源以及各种服务业，越来越成为影响中国经济社会生活的一种特殊力量。

然而，当前中国经济社会的发展也存在一些难题："发展中不平衡、不协调、不可持续问题依然突出，科技创新能力不强，产业结构不合理，农业基础依然薄弱，资源环境约束加剧，制约科学发展的体制机制障碍较多，深化改革开放和转变经济发展方式任务艰巨；城乡区域发展差距和居民收入分配差距依然较大；社会矛盾明显增多，教育、就业、社会保障、医疗、住房、生态环境、食品药品安全、社会治安、执法司法等关系群众切身利益的问题较多，部分群众生活比较困难；一些领域道德失范、诚信缺失；一些干部领导科学发展能力不强，一些基层党组织软弱涣散，少数党员干部理想信念动摇、宗旨意识淡薄，形式主义、官僚主义问题突出，奢侈浪费现象严重；一些领域消极腐败现象易发多发，反腐败斗争形势依然严峻。对这些困难和问题，我们必须高度重视，进一步认真加以解决。"

（2）当前相关政策教育

第一，坚持以经济建设为中心，通过发展来解决人们在发展中遇到的各种困难和矛盾。当前，各种困难和矛盾归根结底都是发展不足和发展不平衡所致。在这样一个全球化的时代，对于有着 13 亿多人口的大国来说，人民群众物质与文化生活的需求是远远得不到满足的。因此，只有发展才是硬道理，只有发展才能够从根本上应对各种困难和矛盾。

第二，坚持以"以人为本"，树立全面、协调、可持续的科学发展观，做到"五个统筹"。在改革发展中，坚持在经济增长的同时使人民群众的生活水平得到不断提高，坚持让绝大多数人能够分享到改革发展的实惠，这是改革发展能够继续顺利进行的最重要的基础。

第三，在发展中注意化解新的利益和价值冲突。我国在发展中所出现的新的社会矛盾总体上还都属于利益格局的调整问题，属于人民内部矛盾。目前，市场化的过程带来了价值观的碰撞和冲突，因不同的地域、社会阶层、年龄段等问题对一些社会的重要价值认同方面都出现了较大的差异，这将成为未来社会矛盾的深层影响因素。所以，利益的协调和价值的整合是我们化解社会矛盾必须同时注意的两个方面。

第四，坚持和改善党的领导。“新形势下，党面临的执政考验、改革开放考验、市场经济考验、外部环境考验是长期的、复杂的、严峻的。精神懈怠危险、能力不足危险、脱离群众危险、消极腐败危险更加尖锐地摆在全党面前。不断提高党的领导水平和执政水平、提高拒腐防变和抵御风险能力，是党巩固执政地位、实现执政使命必须解决好的重大课题。全党要增强紧迫感和责任感，牢牢把握加强党的执政能力建设、先进性和纯洁性建设这条主线，坚持解放思想、改革创新，坚持党要管党、从严治党，全面加强党的思想建设、组织建设、作风建设、反腐倡廉建设、制度建设，增强自我净化、自我完善、自我革新、自我提高能力，建设学习型、服务型、创新型的马克思主义执政党，确保党始终成为中国特色社会主义事业的坚强领导核心。”

3. 党的基本理论和基本经验教育

（1）党的基本理论教育。现阶段，中国共产党的基本理论是马克思列宁主义、毛泽东思想、邓小平理论、“三个代表”重要思想、科学发展观和近平新时代中国特色社会主义思想。它们是我们党必须长期坚持的指导思想。马克思列宁主义、毛泽东思想是中国共产党人探求真理、指引中国人民从旧制度下解放出来并获得新生的思想武器。

21 世纪马克思主义深入人心、落地生根。学习的目的全在于运用。新时代，实事求是运用马克思主义，就要深入学习习近平新时代中国特色社会主义思想，不断提高战略思维、历史思维、辩证思维、创新思维、法治思维、底线思维能力，不断增强工作的科学性、预见性、主动性和创造性。

中国共产党在践行初心使命的不懈奋斗中始终坚持马克思主义立场观点方法，始终坚持科学社会主义基本原则，始终坚持解放思想、实事求是、与时俱进、求真务实，始终坚持用不断发展的实践检验不断发展的真理。实践证明，中国共产党不愧是马克思主义的忠实信仰者和坚定实践者。新时代，一以贯之坚持马克思主义，就要不断推进马克思主义中国化时代化并用以指导实践，就要坚持和巩固习近平新时代中国特色社会主义思想指导地位，推动全党全社会全面贯彻落实习近平新时代中国特色社会主义思想。

（2）党的基本经验教育。党的领导在中国特色社会主义建设的实践中，励精图治、与时俱进，积累了宝贵的经验。党的十八大把这些基本经验加以高度的总结：坚持以马克思列宁主义、毛泽东思想、邓小平理论、“三个代表”重要思想为指导，勇于推进实践基础上的理论创新，围绕坚持和发展中国特色社会主义提出一系列紧密相连、相互贯通的新思想、新观点、新论断，形成和贯彻了科学发展观。“……必须把科学发展观贯彻到我国现代化建设全过程、体现到党的建设各方面。全党必须更加自觉地把推动经济社会发展作为深入贯彻落实科学发展观的第一要义，牢牢扭住经济建设这个中心，坚持聚精会神搞建设、一心一意谋发展，着力把握发展规律、创新发展理念、破解发展难题，深入实施科教兴国战略、人才强国战略、可持续发展战略，加快形成符合科学发展观要求的发展方式和发展机制，不断解放和发展社会生产力，不断实现科学发展、和谐发展、和平发展，为坚持和发展中国特色社会主义打下牢固基础。必须更加自觉地把‘以人为本’，作为深入贯彻落实科学发展观的核心立场，始终把实现好、维护好最广大人民根本利益作为党和国家一切工作的出发点和落脚点，尊重人民首创精神，保障人民各项权益，不断在实现发展成果由人民共享、促进人的全面发展上取得新成效。必须更加自觉地把‘全面协调可持续’作为深入贯彻落实科学发展观的基本要求，全面落实经济建设、政治建设、文化建设、社会建设、生态文明建设五位一体总体布局，促进现代化建设各方面相协调，促进生产关系与生产力、上层建筑与经济基础相协调，不断开拓生产发展、生活富裕、生态良好的文明发展道路。必须更加自觉地把统筹兼顾作为深入贯彻落实科学发展观的根本方法，坚持一切从实际出发，正确认识和妥善处理中国特色社会主义事业中的重大关系，统筹改革发展稳定、内政外交国防、治党治国治军各方面工作，统筹城乡发展、区域发展、经济社会发展、人与自然和谐发展、国内外发展和对外开放，统筹各方面利益关系，充分调动各方面积极性，努力形成全体人民各尽所能、各得其所、和谐相处的局面。”

以上经验，是党领导人民在中国特色社会主义建设实践中艰辛探索所得出的结论，是党的一笔宝贵的政治财富。我们相信，只要牢牢记住这些宝贵的经验并认真实践，一百年不动摇，我们就能在治党、治军、治国中稳操胜券，永远立于不败之地。

4. 世界观、人生观和价值观教育

（1）世界观教育。世界观是人们对整个世界总的看法和根本观点。在改造客观世界的实践活动中，对客观世界认识的不断增加和知识的不断积累，人们就会形成对世界的总的看法，形成一定的世界观。世界观形成以后，又会支配人们的认识和行动。但人们在日常生活实践中自发形成的世界观往往是不系统的，缺乏理论论证的，且有正误之分。当然，正确的世界观可以指导人们进行正确的实践，从而对社会发展起促进作用；而错误的世界观则与之相反。因而思想政治理论课教学的一个重要任务，就是要以科学、系统的世界观武装人们的头脑，使人们在改造世界的过程中，减少盲目性，增强自觉性。

马克思主义世界观是科学、系统的世界观，是迄今为止总结人类已有的思想成果、反映世界的本质面目和发展规律，指导人们能动地改造自然和社会并被实践所反复证明的世界观。用马克思主义世界观教育我国公民，是当前社会主义市场经济下思想政治理论课教学的基本任务之一。

（2）人生观教育。人们对人生基本问题的根本观点就是人生观。它以人生为对象，是人们对人生意义、人生目的和人生价值的理解和看法。在社会生活中，作为有理性的社会动物的人都会有自己对人生的体验和理解，都会对自身境遇和命运进行思考，并在这些体验和思考的基础上形成对生活的根本看法和总的观点。人们在生活实践中自发形成的人生观也往往是零乱、不系统、缺乏科学论证的。此外，人生观是人们所处的一定历史条件和社会关系相结合的产物，是人们的社会生活的反映，所以社会生活实践不同人们产生的现实人生观也会有大大的不同。当然，现实的人生观也有积极进取和消极颓废之分，有科学成熟和荒谬幼稚之分。这就需要我们进行正确人生观教育，帮助人们在形形色色的人生观中分辨真伪，引导人们走上正确的人生之路。

现阶段，高校思想政治理论课教育对大学生进行人生观教育，应着重帮助他们理清个人与社会的关系、贡献与索取的关系和理想与现实的关系。

（3）价值观教育。价值观是指人们对实际存在和可能存在的主客体之间的价值关系、主体的价值创造活动及其结果的性质和意义在头脑中的反映，以及由此形成的比较确定的心理和行为取向或心理和行为定式。它是人们在一定环境中所产生的动机、目的、需要和情感意志的综合体现。价值观一旦形成，就会对人们的认识和实践活动产生能动的反作用。人们的一切社会行为和活动方式，都受各自的价值观的规范和调节，人们的认识和实践活动，都是在一定的价值观的指导下，追求一定的价值实现。

社会主义市场经济存在多种经济成分和多种利益主体，因而不可避免地存在多元价值观和价值取向。对此，我们要有清醒的认识并施以正确的价值观的引导。当前，高校思想政治理论课教育中对大学生进行的价值观教育要着重抓好义利观、荣辱观、苦乐观、生死观等方面的教育。

“中国特色社会主义事业是面向未来的事业，需要一代又一代有志青年继续奋斗。全党都要关注青年、关心青年、关爱青年，倾听青年心声，鼓励青年成长，支持青年创业。广大青年要积极响应党的号召，树立正确的世界观、人生观、价值观，永远热爱我们伟大的祖国，永远热爱我们伟大的人民，永远热爱我们伟大的中华民族，在投身中国特色社会主义伟大事业中，让青春焕发出绚丽的光彩。”

5. 道德观和法制观教育

道德观是一定社会条件下人们关于道德问题的基本认识和观点。道德作为一种社会意识形态是一定历史条件的产物，是一定社会存在的反映。作为人们共同生活准则和规范综合的道德一旦形成，便会对社会生活产生重大的影响，对经济的发展和政权的巩固有巨大的反作用。道德是社会生活中的每个公民所必需的，党中央颁布的《公民道德建设实施纲要》正是从建设社会主义精神文明的高度把提高公民素质、培养公民应有的道德意识和道德责任感摆上议事日程。当前，我们要在全社会中提倡和贯彻“爱国守法、明礼诚信、团结友善、勤俭自强、敬业奉献”的公民基本道德规范，弘扬振兴优秀的中华民族精神，引导人们努力攀登道德的更高阶梯，用共产主义道德武装全党和全国人民。

而法制观教育是指人们对统治阶级所制定的各种法律制度的基本认识和看法。法制是一定统治阶级根据自己的意志，通过政权机关而建立起来的，它包括法律的制定、执行和遵守。法制一旦建立，就具有权威性、强制性，要求所有公民服从和遵守。因此，进行法制观念的教育是思想政治理论课教学的一项重要内容。

6. 历史观教育

历史是一面镜子。古人云：“以铜为鉴，可以正衣冠；以人为鉴，可以明得失；以史为鉴，可以知兴替。”这里的“史”包括我国的历史和世界各国的历史。历史记录积淀着人类的知识和智慧，承载着人类文化的进步与发展，是人类文明得以不断前进的前提。世界各国政府无不重视自己的国家史、民族史的研究和教育。重视历史，以史为鉴，积极弘扬民族的文化遗产以促进社会的进步，这是中华民族的优良传统。历史教育主要就是历史观的教育，所以高校思想政治理论课教育中的历史观教育，必须充分认识到，思想政治理论课程中各门课程的整体性和体系性特征，各门课程从不同的侧面和方向，共同达到同一个目的。高校曾开设的各种与中国近现代史有关的课程主要从革命史和党史的视角向青年学生展现中国近现代史的发展主线，具有明确的意识形态的政治导向。中国近现代史教育的重要作用之一就是帮助青年学生正确地认识现实。

第二节　当代大学生思想政治理论课的教学要求

一、坚持理论联系实际

（一）理论联系实际的含义

高校思想政治理论课坚持理论联系实际，包括两层含义：一是在课堂教学环节，教师把基本理论与客观实际联系起来，使学生真正理解和掌握基本理论，并能够运用基本理论分析和解决实际问题；二是在实践教学环节，既要坚持用发展着的马克思主义武装大学生的头脑，又要坚持以丰富的实践培育大学生。保证大学生成长为中国特色社会主义事业的合格建设者和可靠接班人，即坚持理论武装与实践教育的统一。

（二）理论联系实际的基本要求

由于思想政治理论课本身的特点和所要实现的教学目标的特殊性，这一要求的恰当运用尤为重要，可以避免教学中教条化、公式化的倾向，能否运用和恰当运用该要求直接决定着思想政治理论课能否实现教学目标。

1. 联系理论本身形成、发展的实际

在思想政治理论课教学中，首先要使学生理解基本理论形成、发展的过程，而不是空中楼阁。当教师教授基本理论时，要把理论产生的背景，包括时代背景、社会背景、理论创立者的背景等交代清楚，这可以使学生有一种回到理论所产生的实际中的真切的感觉，容易引发学生思考。

2. 联系学生的实际

因材施教是任何教学都要遵循的一般性教学原则。所谓因材施教，即对不同的教育对象提出不同的要求，采用不同的教育方法，也就是根据“材”的实际施行一定的教育。就思想政治理论课教学而言，就是要联系学生的实际，根据学生的实际情况有针对性地进行教学。

第一，联系学生的实际要了解学生的实际，包括了解学生的专业实际，了解学生的生活实际，了解学生的知识水平和认识能力，了解学生的思想实际，了解学生的个性差异，等等。

第二，思想政治理论课是高校每个专业的必修课程，了解学生的专业实际，要尽量多地了解一些该专业的情况，以便列举贴近学生专业实际的例子，这样学生对相关教学内容的理解就更有亲切感，更易体会教学内容的现实价值，更易接纳相关的理论观点。

第三，了解学生的生活实际，教师就要考虑到每个专业、每个班级往往都是来自全国各地的学生，个人经历、家庭背景不同，生活习惯存在差异，但都是住集体宿舍，吃公共食堂，生活自理。教师要把握这些差异和共同点，教学才能更加有的放矢。

3. 联系教师的实际

思想政治理论课理论联系实际的效果如何，主要取决于教师。联系哪些实际，怎样联系实际都是由教师决定的。只有同时做到以理服人和以情感人，学生才会心甘情愿地接受。联系教师的实际就是联系教师在“理”和“情”两方面的实际。教师自身要明理，掌握真理，信仰真理；同时，对于教学要有真实的情感投入。只有真正信仰真理，情感才会自然地流露出来，这种情感是无法伪装的。

4. 联系社会的实际

联系社会的实际包括联系以往的社会实际和当下的社会实际。联系以往的社会实际即联系历史，包括联系世界历史和中国历史。联系当下的社会实际即联系当代世界的形势和中国的现实国情，重点应放在联系党的路线方针政策，联系改革开放和社会主义现代化建设，尤其要联系重大现实问题，包括很多敏感问题、热点问题。

要联系历史，是因为思想政治理论课教学要经常用到比较分析和历史分析。有比较才有鉴别，马克思主义理论也是如此。因此，教师不能把视野仅仅局限在马克思主义体系内，要放开眼界，把马克思主义放到整个人类的历史长河中，通过与其他理论的比较或者证伪其他理论，才能证明马克思主义的科学性。要联系现实，是因为现实就是大学生现在和将来学习、生活、工作的大背景。世界多极化和经济全球化的趋势在曲折中发展，科技革命日新月异，综合国力竞争日趋激烈。大学生面临着大量西方文化思潮和价值观念的冲击，受到某些腐朽没落的生活方式的严重影响。随着我国对外开放的不断扩大，社会主义市场经济深入发展，社会生活发生了很大的变化：社会经济成分、组织形式、就业方式、利益关系和分配方式日益多样化，人们思想活动的独立性、选择性、多变性和差异性日益增强。这些都是高校思想政治理论课无法回避的问题，必须进行认真而深入的研究，才能做到从实际出发，理论联系实际，对大学生的思想困惑给予现实的、有价值的解答。

二、坚持政治性与科学性相统一

（一）高校思想政治理论课的政治性与科学性

高校思想政治理论课的政治性是指课程的政治指向性。在高等学校开设思想政治理论课的目的就是对大学生进行思想政治教育，使大学生具备适应社会发展的思想政治品德，其中核心目标就是政治素质目标，即通过提高学生的政治意识和政治觉悟，增强学生的政治敏锐性和政治判断力，使其热爱党，热爱祖国，热爱社会主义，拥护党的路线方针政策，认同邓小平理论、“三个代表”重要思想和科学发展观，坚定走中国特色社会主义道路的信念，坚定实现全面建成小康社会宏伟目标的信心。

思想政治理论课的科学性是指课程所内含的真理性、规律性，就课程教学而言，其科学性包括教学内容的科学、教学方式方法的科学及教师队伍的科学。其中，教师队伍的科学是指教师队伍年龄结构、学历结构以及每位教师的知识结构要合理。

高校思想政治理论课的政治性与科学性的统一是由思想政治理论课的特殊性决定的，即思想政治理论课强烈的政治性与显著的科学性要求必须坚持两方面的统一，且与高校的培养目标是一致的；政治性与科学性的统一，是优化教学效果的必然选择。

（二）坚持政治性与科学性相统一的要求

1. 始终坚持马克思列宁主义、毛泽东思想、邓小平理论和“三个代表”重要思想在高校思想政治理论课教学中的指导地位

马克思列宁主义、毛泽东思想、邓小平理论和“三个代表”重要思想是我们立党立国的根本指导思想，是被实践证明了的指引中国革命和建设事业胜利前进的正确的指导思想，是全党全国人民团结奋斗的共同思想基础和精神动力。实践证明，把马克思主义基本原理与中国具体实践相结合，我们的革命和建设事业就发展顺利，不断取得成功；一旦偏离或背离马克思主义，把马克思主义教条化或者否定、放弃马克思主义，不能把马克思主义基本原理与中国具体实践相结合，我们的革命和建设事业就会遭到挫折和失败。坚持以马克思列宁主义、毛泽东思想、邓小平理论和“三个代表”重要思想为指导，就是要保持教学正确的政治方向，即坚定社会主义方向和共产主义方向，以理想信念教育为核心，深入进行正确的世界观、人生观和价值观教育。

2. 科学的方法与科学的内容紧密结合

高校思想政治理论课的主要教学内容是马克思主义基本理论。马克思主义基本理论本身具有科学性和政治性。这是思想政治理论课的一个天然优势，但这并不意味着只要给学生讲清基本理论或者只要把教材讲透，就能做到政治性与科学性的统一。在教学中，必须时刻注意兼顾政治性与科学性，这并不容易做到，所以，选择好教学方式方法非常重要。没有好的教学方式方法，科学的内容也无法顺利地传授给学生。只有通过恰当的教学方式方法进行教学，才能达到政治性与科学性的统一，才能使学生高质量地理解和掌握相应的教学内容。

3. 培养和造就兼具较高思想政治素质和较高理论水平的教师队伍

高校思想政治理论课教师是马克思主义理论和党的路线、方针、政策的宣讲者，是社会主义意识形态和精神文明的传播者，必须是坚定的马克思主义者，在事关政治原则、政治立场和政治方向问题上必须与党中央保持一致，只有这样，才能做大学生健康成长的指导者和引路人。这就要求思想政治理论课教师同时具备较高思想政治素质和理论水平。

三、坚持方向性、思想性与科学性相统一

方向性体现了思想政治理论课鲜明的阶级性和党性以及明确的目的性特征；思想性体现了思想政治理论课教学重视人的精神价值和精神动力，注重思想观念对人们行为的主导作用，着眼于对大学生进行世界观、人生观、价值观教育，坚持把理想信念教育作为核心内容；科学性体现了思想政治理论课教学在指导思想上、内容上和方法论上的真理性、正确性，为实践所验证，能经受历史的考验，真正做到“以科学的理论武装人”、以科学的方法培育人。

思想政治理论课教学的方向性、思想性与科学性的统一，是其本身所具有的内在统一，而并非人为的“结合”；思想政治理论课教学的方向性、思想性与科学性的内在统一还可以从其真理性与价值性的内在统一中得到验证；思想政治理论课教学坚持方向性、思想性与科学性相统一，符合思想政治理论课教学的基本宗旨和中央对思想政治理论课教学的基本要求及有关规定；思想政治理论课教学要坚持方向性、思想性与科学性相统一的原则，就要充分体现马克思主义理论的科学性和鲜明的时代性特征，充分体现对马克思主义既坚持，又不断发展创新的科学态度。

四、坚持传授知识与思想教育相统一

（一）坚持传授知识与思想教育相统一的含义

思想政治理论课程不仅承担着传播一定的科学文化知识的任务，还承担着对大学生进行思想教育的任务。坚持传授知识与思想教育相统一，就是在教学过程中，使学生在掌握一定的理论、知识的同时，对学生进行思想教育，提高学生的思想道德修养和政治觉悟。传授知识与思想教育是有机统一的，若是单纯地传授知识，就不能解决学生的各种思想问

题，也就不能提高学生的思想觉悟；若是单纯地进行思想教育，陷入空洞的说教，不但因教育缺乏说服力解决不了问题，也满足不了学生强烈的求知欲望。

（二）坚持传授知识与思想教育相统一的要求

1. 教师要提高对思想教育重要性的认识

在教学中，教师居于主导地位，直接实施教学活动。教学能否坚持传授知识与思想教育相统一，关键在于教师。思想教育相对于知识教育来说，有其自身的特点。知识教育只是让学生“了解”“知道”所教授的内容，而思想教育涉及学生内心世界。通过影响学生内心世界的活动，触发其思想转变，认识提高。从这个意义上说，绝不能把思想政治理论课理解为普通的知识课程，而部分教师把思想政治理论课看成是纯粹的知识课程，授课过程知识化，这是不对的。每一位思想政治教育教师都应明确思想政治理论课绝不是单纯地教授理论知识，而是要同时提高学生的思想觉悟和认识水平。

2. 理论教育与学生的思想认识问题紧密联系

进行理论教学与澄清学生的思想认识问题应有机结合。学生的思想认识问题分两种情况：一种是学生中普遍存在的思想认识问题，另一种是个别学生的个别思想认识问题。学生中普遍存在的思想认识问题，一般是学生普遍关注的问题，学生对问题认识模糊、认识片面或认识错误。教师在教学中注意观察学生的课堂反应，就很容易发现这类问题。这类问题尽量在课堂上即时解决，可以达到事半功倍的效果。教师通过课堂问答、讨论或集体活动等途径，可能会发现个别学生的个别思想认识问题，可通过课间或其他时间的个别交流解决。这种交流可以说是课堂教学的一种延续而非单纯的人际交流。

3. 科学评价西方文化思潮和价值观念

随着经济全球化趋势的不断发展，各国的经济、贸易交往范围不断扩大；与此同时，不同文化的交流也日益增多。随着互联网的普及，信息的全球共享成为现实，文化间的交流更加便捷，更加频繁。这种交流有时是主动的、有计划的，有时是被动的、不可控的。在思想政治理论课教学中，教师要认真地对待西方思潮和价值观念。简单地肯定或否定一切显然不是马克思主义的科学态度，但绝不能不加分析，纯客观地介绍和传播西方文化思潮和价值观念。要结合有关教学内容运用马克思主义的立场、观点、方法进行分析，对于错误的方面要立场鲜明地给予批判。这有利于学生克服错误思潮和错误价值观念的影响，提高学生抵制错误理论观点和错误价值观念的影响的能力，同时也能促进学生对有关教学内容的理解，并逐步学会用马克思主义的立场、观点、方法分析问题。

五、坚持面向全体、分层施教与继续教育相结合

坚持面向全体、分层施教与继续教育相结合是思想政治理论课教学正确处理整体性教育与局部性教育、普遍性教育与特殊性教育、连续性教育与阶段性教育关系的要求。

“面向全体”要求思想政治理论课对我国各高校的全体大学生开课，进行普遍的马克思主义理论、思想道德、法律基础等方面的教育。“分层施教”要求思想政治理论课教学要针对不同专业、不同年级、不同层次、不同学历大学生的特点，实施不同的教学计划方案，在教学内容、学时上提出不同的要求，并采取不同的教学形式和方法。“分层施教”还要求思想政治理论课教学既要层次分明、循序渐进，又要注意阶段间的衔接和连续发展。

继续教育是指对已经从学校毕业的学生、成人和在职人员的教育。随着社会的发展和科学文化知识更新速度的加快，对人所受教育的要求也不断提高。人们只有不断接受教育，不断“充电”，才能适应社会发展和自身发展的需要。

面向全体与分层施教相结合符合共性与个性、普遍与特殊、统一性与多样性的对立统一规律，也符合德育的全民性、针对性要求。加强马克思主义理论和思想道德修养，是提高一个人文明素质的重要方面。

总之，不管是普遍性与特殊性的统一，还是教育的全民性与针对性的统一，都说明了面向全体与分层施教相结合的必要性与合理性。至于把二者再与继续教育相结合，则是从更为广义的角度，扩展了普遍性与特殊性的统一、共性与个性的统一规律在思想政治理论课教学中的指导意义。

第三节　当代大学生思想政治理论课教学的新发展

一、开放性教学

在经济全球化的时代背景下，为了进一步落实教育部关于高校思想政治理论课“05方案”，增强思想政治理论课教学的针对性和实效性，经过多年的探索和创新，构建了“以学生为本”的高校思想政治理论课开放性教学新模式。

（一）大学生思想政治理论课开放性教学的基本内容

高校思想政治理论课开放性教学的内容十分丰富，它是由开放性教学诸方面、开放性教学诸环节、开放性教学诸环境等要素构成的有机整体。思想政治理论课开放式教学的基本内容包括以下三个层面。

1. 思想政治理论课教学诸方面的开放性

思想政治理论课教学诸方面的开放性主要包括以下内容：

第一，教学主体的开放性。教学主体有指导主体与学习主体两个方面。教师是指导主体，学生是学习主体。传统的封闭性教学模式，片面地强调了教师的主体性，忽视了学生的主体性，压抑了学生学习的积极性、主动性和创造性。“以学生为本”的开放性教学模式则承认教师与学生的双重主体性，并认为学生的主体地位更为基础，把教师的主导作用与学生的主体作用有机结合起来，有利于提高学生学习的积极性、主动性和创造性。

第二，教学内容的开放性。在传统的封闭性教学模式中，思想政治理论课的教学内容僵化，不能和时代同步发展，理论往往落后于实践，致使教学内容缺乏时代感和现实针对性。开放性教学模式要求教学内容面向现代化、面向世界、面向未来，紧密关注国内外形势和党的方针政策的新变化，及时吸收马克思主义中国化的最新理论成果，使教学内容具有时代感和现实性。

第三，教学形式的开放性。传统的封闭性教学模式通常采用单一的课堂讲授教学形式，缺乏吸引力和感染力。开放性教学模式要求课堂教学与实践教学相结合、校内主课堂与校外第二课堂相结合、“请进来”与“走出去”相结合、教师讲授与学生发言相结合，采取灵活多样的教学方法和现代化教学手段，有利于增强教学的吸引力和感染力。

2. 思想政治理论课教学诸环节的开放性

思想政治理论课教学诸环节的开放性主要表现在：

第一，教学准备的开放性。过去由主讲教师单方面进行教学准备，教学计划、教学大纲很难充分反映学生的实际情况。实施开放性教学，要求教师采取问卷调查和座谈会等形式，了解学生的实际情况与学习要求，吸收学生代表参与教学计划和教学大纲的制订。

第二，教学过程的开放性。鼓励学生提问、发言、演讲或参与辩论，提高学生参与教学过程的主动性和创造性。

第三，教学管理的开放性。吸收学生参与教学管理，形成以学生自我管理为基础，教务部门、学生工作部门、思想政治理论课教学部门齐抓共管的综合管理体系。

第四，考核考试的开放性。建立教师考核与学生自我考核相结合、期末考核与平时考核相结合、理论考试与实践考核相结合、知识考试与能力考核相结合、闭卷考试与开卷考试相结合的综合考核体系。

第五，教学评价的开放性。建立教师自我评价、专家评价、学生评价、社会评价“四结合”的评价体系，以全面评价思想政治理论课教师教学的质量和效果。

3. 思想政治理论课教学环境的开放性

开放性教学模式是一个开放性系统，必须创建一个良好的环境，才能增强思想政治理论课的实效性。

第一，要创建一个和谐的国际关系与和谐的国内社会环境，克服各种不和谐的因素，为思想政治理论课教学提供良好的社会氛围。

第二，要创建一个健康的校园文化环境，加强社会主义核心价值体系的宣传，以科学的理论武装人，以正确的舆论引导人，以高尚的精神塑造人，以优秀的作品鼓舞人，为思想政治理论课教学创造健康的校园文化氛围。

第三，要创建一个科学的制度环境。加强高校思想政治工作的制度建设，推进弹性学分制，建立有效的激励机制，保证高校思想政治理论课的健康发展。

第四，要营造良好的网络环境。要坚持社会主义核心价值体系，加强网络文化建设和管理；要积极建设思想政治理论课教学信息资源网站，多渠道开发和运用思想政治理论课教学信息资源，并坚持教学信息资源的开放性，做到教学信息资源库的共建共享。

总的来说，高校思想政治理论课开放性教学就是由上述三大基本要素构成的有机整体。这三大基本要素之间是辩证统一、不可分割的。

（二）大学生思想政治理论课开放性教学的特点

1. 人本性

“人本性”，是相对“物本性”“神本性”而言的。“以人为本”，强调人的价值高于物的价值和神的价值。从价值论视角看，坚持“以人为本”，强调人的价值的至上性。马克思主义坚持以最广大人民即绝大多数人为本，坚持以解放全人类，促进每一个人自由全面发展为最终目标。高校思想政治理论课开放性教学是以马克思主义“人本论”为理论基础的。高校思想政治理论课不同于一般的专业课程，它的主要任务是培养大学生的思想政治素质，增强大学生的主体性，这就决定它必须坚持马克思主义的“人本论”。高校思想政治理论课开放性教学的“人本性”，主要体现在三个方面：第一，它把“以学生为本”作为核心理念。“以学生为本”这一理念是构建高校思想政治理论课开放性教学的理论基石，是贯穿这一教学模式的中心线索，是渗透于这一教学模式的精神灵魂，是决定这一教学模式性质的精神实质。第二， 教学方法的人本性。它要求思想政治理论课教师在教学中要关心学生、爱护学生、尊重学生、体贴学生、帮助学生、引导学生，而不能压制学生，更不能打骂学生、贬低学生、损害学生。第三，在教学目的上是为了满足学生的精神文化需求，促进学生全面发展。

2. 科学性

“科学”与“人本”是两种不同的价值取向，科学的价值取向是求真，人本则是求善；科学属于合规律性，人本属于合目的性。高校思想政治理论课开放性教学新模式不仅具有人本性，而且具有科学性，是求善与求真的统一、合目的性与合规律性的统一。高校思想政治理论课开放性教学具有科学性主要是因为它是以科学理论为依据，以科学实践为基础，以科学精神为指导，运用科学方法构建起来的。

第一，高校思想政治理论课开放性教学是在坚持科学立场的基础上建构起来的。科学立场即实事求是的辩证唯物主义立场。高校思想政治理论课开放性教学是建立在科学立场上的。它要求我们在思想政治理论课教学中，坚持一切从实际出发，按客观的教学规律办事，求真务实，做到“不唯书、不唯上，要唯实”。

第二，高校思想政治理论课开放性教学是以科学理论为依据的。马克思主义理论是人类历史上最科学的世界观和方法论，是追求真理、探索真理，揭示客观规律的行动指南。

高校思想政治理论课开放性教学就是以马克思主义为理论基础的，马克思主义关于“以人为本”的思想是“以学生为本”这一新的教学理念的哲学基础。马克思主义既是科学的世界观，又是科学的方法论。高校思想政治理论课开放性教学就是以马克思主义为指导，运用马克思主义的科学方法论建构起来的。高校思想政治理论课开放性教学不仅以马克思主义为理论基础，而且批判地吸收了现代西方教学理论中的合理成分，比如人本主义教学论、建构主义教学论等都为思想政治理论课开放性教学提供了科学的理论依据。

第三，高校思想政治理论课开放性教学是一个完整的科学体系。它由“一个核心理念”与“三个基本要素”构成，层次清楚，逻辑严密，具有系统整体性特征。离开了系统整体性，就不能成为一个科学体系。高校思想政治理论课开放性教学新模式是一个有机的整体，“一个核心理念”与“三个基本要素”有机结合，缺一不可。

第四，高校思想政治理论课开放性教学采用了科学方法。高校思想政治理论课开放性教学运用了马克思主义的科学方法论。唯物辩证法是分析问题和解决问题的最一般的科学方法论。这一教学模式正确处理了教师指导主体与学生学习主体的辩证关系、科学性与人本性的辩证关系、教学管理与人文关怀的辩证关系、校园内部环境与外部环境的辩证关系、传统教学手段与现代教学手段的辩证关系、传承科学文化与创新科学文化的辩证关系、传统思维方式与创新思维方式的辩证关系，充分体现了唯物辩证法的思维方法。此外，还采用了现代科学方法，比如系统科学方法、创新科学方法等。

3. 和谐性

“科学性”的价值取向是“求真”，“人本性”的价值取向是“求善”，“和谐性”的价值取向是“求美”。高校思想政治理论课开放性教学的“科学性”“人本性”“和谐性”等特点，体现了其价值取向的多样统一性，实现了“真、善、美”的有机统一。高校思想政治理论课开放性教学具有和谐性的特点。主要体现在以下方面：

第一，教学主体的和谐。教师是“教”的主体，学生是“学”的主体。在开放性教学过程中师生是完全平等的，教师坚持“以学生为本”，学生对教师十分尊重，师生之间互教互学、相互关心、相互爱护、相互帮助、相互理解，这样就形成了和谐的师生关系。只有形成和谐的主体关系，才能有效地开展开放性教学。

第二，教学内容的和谐。高校思想政治理论课目前是“4+1”的课程体系，即马克思主义基本原理概论、毛泽东思想和中国特色社会主义理论概论、中国近现代史纲要、思想道德修养和法律基础以及形势与政策。各门课程之间要协调统一，避免矛盾冲突，每一门课程的教学内容都要体现和谐性，各章节之间既要避免重复性，又要避免矛盾冲突。教材内容与新增教学内容要和谐统一，既要以教育为基础，又要吸收本学科研究的前沿成果，在和谐的基础上实现教学内容创新。

第四，教学内容与教学形式之间的和谐。高校思想政治理论课的教学内容是多样的，不同的教学内容应当采取不同的教学形式。唯物辩证法认为，内容决定形式，形式为内容服务。这就要求我们根据教学内容的特点选择教学形式。比如，中国近现代史纲要的教学内容具有历史性特点，这就要求我们采取历史事件专题式、历史名胜参观式等教学形式来进行教学，这样，可以增加学生的兴趣，提高教学效果。

第三，教学方法与手段的和谐。开放性教学的方法具有灵活性，各科学方法要协调统一。要做到教师讲授与学生发言的协调统一、理论教学与实践教学的协调统一、专题式讲解与研究型教学的协调统一、课堂理论教学与课外文化活动的协调统一、传统教学手段与现代教学手段的协调统一。通过教学方法与手段的和谐统一，增强思想政治理论课教学的吸引力和感染力，提高教学的艺术性。

第四，教学实践与教学环境之间的和谐。思想政治理论课教师要认真研究和分析国际国内形势、社会环境、校园环境、网络环境及其对大学生的思想影响，调查研究大学生和社会公众普遍关注的热点难点问题，通过课堂教学有针对性地加以解释，增强教学的现实针对性和实效性。

二、实践教学

（一）大学生思想政治理论课实践教学的基本内涵

顾名思义，实践教学应是一种教学活动，实践则是达到教学目标的途径和手段。在这一教学过程中，因为实践环节凸显，学生学习的积极性和主动性被充分调动起来，学生不再是教学内容的被动接受者，而是教学活动的积极参与者。这里可以把思想政治理论课实践教学界定为：思想政治理论课实践教学是把理论与实际、课堂与社会、学习与研究紧密联系起来，培养学生联系实际思考问题、运用理论分析问题、自主研究解决问题等实践能力的多种教学方式的总和。

与一般的实践活动相比，尽管思想政治理论课实践教学具有实践活动的某些特征和形式，但在本质上不同于一般的实践活动。就目的而言，一般实践活动是改造客观世界、实现客体价值的客观活动，而思想政治理论课实践教学则是既传授马克思主义基本原理等方面的知识，以改造主观世界为目的，又旨在优化主体能力和素质。它是一种现实性活动，本质上，思想政治理论课实践教学仍然是一种教学活动，只不过是一种实践化、应用化的教学活动。

对高校思想政治理论课实践教学的理解，需要强调以下几点：

第一，从形式上去理解，高校思想政治理论课实践教学可以分为狭义和广义两种。狭义的思想政治理论课实践教学是指利用社会实践等空间组织的教学活动。广义的思想政治理论课实践教学指的是除了理论教学之外的所有与实践有关的教学，它可以体现在课堂教学之中，也可以体现在课堂教学之外，尤其是体现在课堂教学之外。

第二，思想政治理论课实践教学是培养学生运用理论观察社会、认识社会、思考人生这一实践能力的一个环节，它与其他大学课程一样需要科学的规划和系统的培养。作为大学生的必修课，思想政治理论课的教学目的、教学方式都必须符合教育教学规律，它的政治功能必然是在规范的教育功能实现的基础上才能实现。就如同各个专业有一个课程体系一样，思想政治理论的各门课程也构成了一个相互关联的课程体系，共同实现对学生进行马克思主义理论与思想政治教育的目标。那么，培养学生运用马克思主义理论分析问题、解决问题的实践能力，也应该像专业学生的实习、实验、学年论文、毕业论文一样，是检验培养目标的一个重要环节。

第三，思想政治理论课实践教学不能简单地等同于思想政治理论课实践性环节，而是实践性学习与研究性学习并重的课程。思想政治理论课实践教学是以思想政治理论课学科理论为基础和载体的，这就决定了思想政治理论课实践教学除了本身固有的实践性学习特点外，还具有研究性学习的特点。目前，高校思想政治理论课主要包括中国近现代史纲要、马克思主义基本原理概论、毛泽东思想和中国特色社会主义理论概论、思想道德修养与法律基础、形势与政策教育等课程，它们作为高校课程体系的一部分，既强调理论性，也强调实践性；既强调认知性，也强调活动性；既重视大学生的理论修养，也重视大学生的品德修养。思想政治理论课实践教学所强调的研究性学习与实践性学习并重的学习方式，主要是指学生在实践过程中，以类似科学研究的方式去主动获取并综合运用知识，内化有关政治理论和道德知识，培养发现问题、分析问题、解决问题的能力，树立科学的世界观、人生观和价值观。

第五，从教学目的去理解，高校思想政治理论课实践教学可以分为以思想教育为主、以服务社会为主和以培养能力为主的思想政治理论课实践教学。

（二）大学生思想政治理论课实践教学的特点

1. 目标性

思想政治理论课实践教学目标是指在一定的条件和环境下，人们对思想政治理论课实践教学活动所期望达到的结果。实践教学目标要服务于高效思想政治理论课的总目标，即把大学生培养成为中国特色社会主义事业的建设者和接班人。思想政治理论课实践教学的目标包括以下几个方面。

（1）教育目标。此处专指高校思想政治理论课实践教学的“育人”功能，即寓教于行，以行育人，让学生在实践生活中认识社会、认识人生、接受教育、学会做人。在实践中，引导学生深入思考，运用辩证的方法分析各种问题，从而加深对马克思主义基本理论的理解，提高对党和国家方针、政策的认识，促进科学的世界观、人生观和价值观的树立，增强培养良好道德品质的自觉性，并引导学生正确面对“应该做什么，不应该做什么”“做什么样的人，怎样做好这样的人”的问题。比如思想政治理论课实践教学就是要让学生认识到劳动是光荣的，实践是有益的，为人民服务是崇高而神圣的，并进而认识到我们的人生价值只有把自己的前途和命运与祖国及人民的前途和命运相联系才能实现。

（2）能力目标。能力目标是指实践教学活动在帮助大学生完成从书本到现实、从理论到实践的飞跃的同时，使大学生在各个方面都能够得到较好的锻炼和提高。在实践教学活动中，要充分依靠和发挥大学生的力量，让他们参与实践活动的策划、准备和组织，从而达到锻炼、提高大学生创新能力和组织管理能力的目的。通过参观访问、社会调查等实践活动，培养大学生观察问题、分析问题的能力；通过撰写调查报告或研究论文，来提高学生的写作能力和开拓进取的精神；通过开展各种社会公益活动和社区服务活动，引导大学生走出校门，到基层去，到工农群众中去。这样不仅可以使大学生认识社会、认识人生，而且可以帮助学生解决知行不一致的问题，使大学生在实践过程中不断增强把认知转化为行为的能力。

（3）政治素质目标。政治素质目标是指通过实践教学把大学生培养成为中国特色社会主义事业的建设者和接班人。思想政治理论课实践教学活动能够引导大学生去探究现实社会中的各种现象和问题，并且运用所学理论去分析这些现象和问题，提出解决问题的办法，使大学生在探讨、研究各种现象和问题的过程中，坚定社会主义信念，明辨是非，不断完善自我，从而提高自己的思想政治素质，健康成长为中国特色社会主义事业的建设者和接班人。

2. 自主性

高校思想政治理论课实践教学打破了传统课堂教学形式注入式的强制性，更强调活动主体的自主性，强调学生的主体地位和主观能动性。思想政治理论课实践教学活动中教师大多数情况下是一种协助式、筹划式、组织式的教学，学生在教师的指导下自主组织安排实践教学活动。学生可以根据自己的能力水平、兴趣爱好、专业特长等方面自主选择活动项目，确定自身角色，自觉、自愿参与其中。这体现了学生不仅是教育教学的对象，而且是学习的主体，是有思想、有感情的主体。

3. 针对性

思想政治理论课实践教学是提高思想政治理论教学效果和提高学生运用理论观察问题、解决问题能力的重要手段，必须紧紧围绕课堂教学的理论内容来设计和开展。因此，实践内容的选择一定要有针对性：一是理论基础要有时代性，在课堂教学中，要整合、调整、充实思想政治理论课的教学内容，更多地融进反映时代呼唤和要求的重要内容，跟上社会发展的步伐；二是实践内容要有现实性，实践的内容要紧扣时代主题，紧密联系现实社会和改革开放成果方面的热点问题；三是要考虑不同学生的要求，实践的内容要考虑不同专业、不同年级的学生要求。

4. 参与性

高校思想政治理论课实践教学将深刻的理论思维与鲜活的感性体验相结合，通过强烈的现场参与感可以触发和增强理论思维的兴奋点，而不是“空洞”的说教。思想政治理论课实践教学具有内容上的直观性和对象上的互动性。思想政治理论课教学的内容、形式及取材不再是刻板艰涩的概念、判断、推理等逻辑形式和逻辑演绎，而是活生生的事实、图像和景观以及真切实在的亲身体验，这种教学形式可以达到思想理论教育“润物细无声”的理想教学境界。思想政治理论课实践教学突出学生的参与性，彻底改变学生被动接受的学习地位，使其积极主动地融入甚至决定主导整个教学环节，充分张扬现代教育所要求的学生主体地位，体现现代教育发展的趋势。

（三）大学生思想政治理论课实践教学的实施

高校思想政治理论课实践教学是大学生了解社会，服务社会，增长才干，形成正确的社会认知和世界观、人生观、价值观不可或缺的活动过程。思想政治理论课教师要顺利开展实践教学活动，通常需要通过以下几个环节来实施。

1. 制订可行的实践教学方案，精心策划选题

思想政治理论课实践教学一定要注意坚持练习教学内容的实际，做到有的放矢。因此，必须在学生开展社会实践前制订可行的教学方案，精心策划好社会实践的选题。学生一般根据选题来确定相应的社会实践内容和方式。当然，也可以根据当地的实践教学资源来确定相应的社会实践选题。选题一定要主题突出，可以根据当前国内外的热点问题以及关系老百姓和学生实际的问题来确定，也可以根据学生专业、年级的不同来确定，如医学类专业可以适当突出医药类的选题。同时，选题也要有系统性，可以根据不同的内容对选题分门别类，集中汇编在学生实践手册中，供学生选择和参考，让学生结合实际和现实进行调研，撰写调研报告。否则，就会很容易使学生陷入盲目性，使实践流于形式，难以达到思想政治理论课实践教学的目的。

2. 严格培训，加强指导

大学生往往缺乏进行调查研究的能力，因此在学生实践前，教师要组织学生进行必要的培训，让学生了解思想政治理论课实践教学的目的和要求。在培训中，重点指导学生如何具体进行校外假期社会实践，特别是如何开展社会调查和社会服务。如怎样选择调查和服务类型，怎样联系调查和服务对象，怎样实地开展调查活动，怎样解决遇到的困难和问题，怎样撰写调查报告等。为使培训取得明显效果，教师要向学生介绍思想政治理论课实践教学大纲，编发实践手册、选题汇编、调查报告写法、注意事项等辅助材料。

3. 建立严格的思想政治理论课实践教学评估考核机制

构建合理的实践教学综合评估考核体系是确保实践教学实效性的重要环节。这既包括对教师实践教学的考核评估，又包括对学生实践的考核评价。对教师的实践教学进行考核评估，主要是考评教学计划是否科学，是否得到贯彻实施，教师是否及时总结每次实践教学经验，教学组织是否到位，教学效果是否明显。这期间涉及教师工作量的考核。教师工作量应参照专业课教师指导学生实习及批改实习论文的标准计算，按照教师指导学生实践的情况和指导学生的班级数计算相应的工作量来进行综合考评。对学生实践的考评主要包括学生参加实践教学的态度、学生在实践活动过程中的表现、学生实践成果水平的考核。

建立规范、合理、客观、系统、多元的实践教学考评体系并加以严格考核，是促进教师认真教学、学生认真参加实践，确保思想政治理论课实践教学实效性的重要环节和手段。

4. 及时总结，表彰先进

要使思想政治理论课实践教学真正取得效果，不能让学生上交一篇调研报告后就结束。必须及时进行总结，评选优秀调查报告，对优秀学生进行表彰，以激励学生参与实践的热情和积极性。学生上交调查报告以后，教师必须根据考核要求，及时对调查报告进行认真、公正的评审，并写出评审意见。同时，遴选出一定数量的优秀调查报告汇编成册，作为思想政治理论课实践教学的成果，甚至对那些真实可靠的优秀调查报告进行适当的修改后，推荐到相关报纸、杂志上发表。调查报告评审完后，应及时召开总结表彰大会。在会上，可以先由教师对整个社会实践的各个环节进行总结，对学生的调查报告进行点评，然后由学生发言，畅谈社会实践的心得和体会，互相交流经验，最后对优秀学生和优秀调查报告进行表彰奖励。

总之，在高校思想政治理论课实践教学开展之前制订周详的教学方案，在实践活动之中有精心的组织和深入细致的指导，在学生实践活动之后有客观公正的总结、评价和奖励，是思想政治理论课实践教学活动开展的重要环节，是确保高校思想政治理论课实践教学实效性的重要途径和手段。

三、案例教学

（一）案例教学的含义和基本特征

案例教学是以案例为基本教育信息载体，以教师引导学生分析案例（教师主导、学生主体式学教并举）为主要教学结构理念，以凸显学生的主体地位，提高学生分析和解决实际问题的综合能力为首要目标的一种教学组织形式。案例教学具有以下基本特征：

第一，案例教学以案例为基本教育信息载体。这是案例教学与传统教学方式的最大区别。传统教学方式往往以固定的教科书为基本教育信息载体，学习的内容往往是各学科领域中比较稳定的、公认的知识与结论。案例教学由教师根据具体教学内容和教学目标的需要，选编对某一实际情境进行客观描述的案例作为学习材料。学生在案例学习中的活动主要围绕案例来进行，通过对案例的分析与讨论达到学习目的。

第二，案例教学要凸显学生的主体地位。尽管在传统教学方式中，我们也强调发挥学生的主体作用，但往往是教师以权威的姿态呈现信息，学生接受、理解、记忆信息，学生的主体地位体现不够明显。案例教学则凸显了学生的主体地位。案例教学的典型特征是学生学习的主动性、参与性。在案例教学中，为了解决案例内隐或外显的问题，学生需要独立搜索、查找、阅读、理解和分析资料，获取信息，提炼观点。学生在案例教学中要比传统教学方式下承担更大的学习责任，学生的学习积极性、主动性和创造性能够得到充分和有效的发挥。

第三，案例教学以教师引导学生分析案例为主要教学结构理念。在传统教学方式中，教学过程更多的是教育信息从教育者向学习者的单向传递，是由教师根据教学目标的要求，选定合适的教育信息，通过讲解或其他言语教育方式将公认的、客观而稳定的知识、技能、思想、观念等传递给学生。案例教学与此不同，案例教学的主要教学形式是教师引导学生分析案例。在案例教学中，教师依然是重要的信息源，但教师所发挥的作用主要是启发和促进意义的建构，即依靠自己丰富的经验和对学科知识的宏观把握与理解，为学生提供分析与讨论案例的方法和策略上的指导。当学生遇到困难时，教师不直接告知其答案，而要引导学生自主查找、理解和选择信息，求得问题的解决。在案例教学中，教师的角色不再是预定知识的传递者，也不再是提供问题答案的源泉，而是学生学习的向导、组织者与促进者。

（二）大学生思想政治理论课案例教学的特性

作为一门理论性较强的学科，思想政治理论课进行案例教学除了具有同其他学科案例教学相同之处以外，还有与其他学科案例教学不同的特性。这些特性主要表现为：

第一，在案例教学的宗旨和目的上，高等学校思想政治理论课是大学生思想政治教育的主渠道，是帮助大学生树立正确的世界观、人生观、价值观的重要途径，体现了社会主义大学的本质要求。思想政治理论课案例教学作为一种教学组织形式，必然要服务于这一教学宗旨和目的。而具体学科的案例教学是通过提供各种典型的过程案例，一方面使学生联系实际掌握所学的知识点，并能灵活运用；另一方面培养学生在书本知识以外的实践经验和实际工作能力。

第二，在教学案例的选择上，思想政治理论课教学案例的覆盖面相当广泛，包括自然界、人类社会和思维等各领域的案例，要根据需要选取。这对教师的案例甄选能力提出了更高的要求。而具体学科则是依据其教学内容在具体领域中选择各种类型的案例，用于扩大学生的知识面，培养学生的应用能力和工作适应能力。

第三，在案例教学的应用范围方面，一些具体学科的案例教学已作为该学科教学的主要手段和方法，运用得非常普遍。美国的哈佛商学院工商管理专业 90% 的课程运用案例教学。案例教学法已成为全世界工商管理界认同的法则。但由于思想政治理论课教学内容大多是概念、规律、范畴、论据和论述过程，并不适合全面采用案例教学，需要根据具体内容酌情安排。在思想政治理论课案例教学时，一般要选择核心问题、重点问题、关键问题引入典型案例，起到画龙点睛的作用；此外，还往往需要穿插讲解相关的教学内容，并通过学生的阅读和理解来完成全部教学内容。

（三）大学生思想政治理论课教学案例的甄选

案例的选择是案例教学的首要任务。案例的质量直接决定了案例教学的效果。经典的教学案例有助于提高思想政治理论教学的针对性和实效性，案例选择不当则可能使思想政治理论课误入歧途。因此，经典教学案例，是成功实施案例教学的先决条件。在选择案例的过程中，要特别注意以下几方面：

第一，所选案例应与教学内容相一致。运用案例教学方式，目的是更好地实现教学目标，增强教学效果。因此，所选案例不能脱离教学内容。教学案例必须和教材内容紧密联系，并力求突出教学重点与难点。教师在备课时要注意搜集、整理与教材内容相关的案例，然后加以筛选。将那些与授课联系最密切的典型案例进行认真整理，反复推敲，以供上课使用。在选择案例时，要明确此次案例教学要达到什么样的目的，解决什么样的问题，做到心中要有数，防止无的放矢。如果将那些与教学内容联系不太密切的案例在上课时使用，不但无助于帮助学生掌握教学内容，而且浪费了学生宝贵的学习时间，甚至还可能将学生带入迷途。因此，在选择案例时，教师要反复斟酌，再三推敲。不合适的案例坚决不用，不能说明教学内容的案例无论怎样生动都不能采用。

第二，所选案例应具有典型性。教学案例的典型性即代表性。案例应具有典型意义，应反映代表政治理论的普遍性，避免因案例不够典型而误导学生以偏概全地推出伪科学。同时，案例要能明确表示主要原理和规律。因为如果案例与其要揭示的思想政治理论间对应关系不明显，就会使学生在分析、讨论案例时走弯路，甚至步入思维误区，难以在有限的课堂时间内掌握主干知识。对典型案例的理解和分析，有助于学生掌握基本理论、基本方法和原则，并有助于拓展学生的思维，提高他们分析问题和解决问题的能力。

第三，所选案例应具有启发性。案例教学的目的在于开发学生的智力，培养学生分析问题、解决问题的能力。因此所选案例应蕴含一定量的实际问题，突出启发性，能给学生留下一定的思考空间，促使学生广泛地思考问题。学生必须经过认真的分析和思考，才能够对案例中的问题做出解释和处理。具有启发性和探究性的教学案例，有助于锻炼和提升学生的思维能力，使学生在掌握政治理论的同时，形成积极的学习态度。

第四，选择案例应注意时效性。所谓时效性，是指所选案例应紧扣时代主题，体现时代的新鲜内容，触及社会发展中最前沿的问题，贴近当代大学生的思想实际。这样的案例更容易引起学生的兴趣和关注。

四、反思性教学

（一）反思性教学的含义

所谓反思，顾名思义，即自我省察、回顾的意思，就是行为主体对自身既往行为及相关理念自觉进行换位思考的认识活动和探究活动。反思的指向主要是过去的意识和行为，具有价值评判的性质。事实上，“反思”一词本身就含有“反省”“内省”之意，从本质上来说就是一种批判性思维，即通过对自己的思想、自己的心理感受等的思考，审视、分析当前的认识活动。教学中反思的内涵是立足于教师自身之外，是对教师自身的教学思维和行为的一种批判。反思既是为了回顾过去或培养反思的意识，更是为了指导即将在未来进行的教学活动和教学实践。反思不仅是内隐的思维活动，而且是外显的实践行为，联系着思维和行动两头，确保反思的结果能够在教学实践中得到检验。高校思想政治理论课反思性教学，就是在思想政治理论课教学实践过程中，教师对自身的教学行为不断地进行反思的一种行为，是对教学行为和教学过程进行批判的、有意识的分析与再认知的过程。它需要教师在教学实践活动中积极关注自身的教学行为和具体的教育情境，以开放的心态接纳不同的观点，从多个角度积极思考问题、研究教学活动，并对自己的选择与行为负责。

（二）大学生思想政治理论课反思性教学的特点

反思性教学和传统教学相比，主要有以下几方面的特点。

1. 目的明确性

反思性教学是教师对自身教学活动的元思维过程，是一种目的明确的研究过程。从直接层面上说，是对自身教学过程中教什么、怎样教和为什么这样教的省察和反思。从更深层次上说，是对自身的师德修养、教学理念、师生关系等的理智化的暗示、假设、推理和检验。因而，反思性教学的目的在于有效解决教学中的问题并提高教学质量，它首先关注教学的目标和结果是否达到，是否具有明确目的。

2. 科学探究性

探究即探讨和研究，是人们认识、理解和改造周围世界的重要方式。反思性教学观是建立在现代教学理论基础上的科学教学观，基本观点与传统消极学习观相对立。它以探究和解决教学基本问题为基本点，因而具有探究的性质。另外，反思是在回忆或回顾已有的心理活动的基础上找到其中的问题以及答案，也就是从自己活动的经历中探究其中的问题和答案，重构自己的理解，激活个人的智慧；不仅解决问题，更注重学习创造性与主体性人格培养，并以此作为反思性教学的主要目的。

3. 思维批判性

反思性教学强调教师对教学行为的积极思考与批判分析，反对机械地灌输和简单的重复。同时它又是探究取向的，要求教师以批判的眼光看待教学中出现的问题，并善于通过积极的探究寻求问题的答案。通过对教学实践的反思，教师自觉地对自身已有的教学活动，以及教学活动中所涉及的相关因素进行持续的、批判性的审视、思考、探究和改进，从而调节并改善自身的师德品质，不断提高教学能力和教学质量。从实质上来说，反思思维是批判性思维，经常批判性地、反复深入地思考问题，知识结构就会进一步完善、牢固，思路会更开阔、更灵活，见解会更深刻、更新颖。使学生在批判中学习，教师在批判中教育，善于思考，勤于探究，从而使自己更加睿智和成熟。

4. 对话合作性

反思性教学的主体包括教师个人与集体、学生、专业研究人员。教师个人与集体、学生、专业研究人员是实施反思性教学的三个核心要素，构成了反思性教学的四位一体关系。教师个人的自我反思、教师同行间和师生间的合作对话、专业研究人员的专业引领以及全员跟踪推进，是实施反思性教学的四种基本力量，缺一不可。反思性教学是一种群体反思活动，在强调师生之间在课堂内的双向反思探索活动之外，还要求教师之间、教师与专业人员之间在课前、课后进行群体性的交往与沟通，反思教学中存在的各种教学问题，探讨问题解决的方法、途径，以助成教学实践的日趋合理。

5. 实践操作性

反思性教学以解决问题为基点，立足于教学实践行动中客观存在的真实问题，得益于行动研究的实践运用。反思性教学过程中的行动研究是实践和反思相结合的研究。它基于教学实践，使教学理论与教学实践联系在一起，直接指导教学实践，使得特定情境中的教学实践者能够对自己的教学情境有真正的理解，并做出明智而谨慎的决定。因此，反思性教学通过行动研究的运用，更加重视教学的实践操作性；同时，也追求教学实践的合理性，这必然要求反思后的新的教学假设和新的教学改进也要经过实践检验。

（三）大学生思想政治理论课反思性教学的具体应用

反思性教学与常规教学相比具有许多优势和特色，然而，反思性教学在思想政治理论课中的应用还属于“新生事物”，在应用中还要遇到这样或那样的问题和挑战，需要注意从以下几个方面来加强反思性教学。

1. 将教师主导作用和学生主体地位相统一

反思性教学的目的主要有“学会教学”和“学会学习”两个方面，因此，要充分发挥教师的主导作用和学生的主体地位，实现教与学的统一。反思性教学过程既是知识的传递过程，也是知识的生成、创新过程。教师和学生在知识的生成过程中是平等的主体，教师的职能由教转为导，教师不再是单纯的知识传递者而是学生学习的组织者、促进者、辅导者，师生应形成一个“学习共同体”。教师在指导学生学会通过各种渠道占有知识、储存知识外，更重要的是要引导学生学会选择、判断、运用、创造知识，保证学生的学习朝着正确的方向前进。将学生置于课堂的中心，教师要深入学生中间，创设师生之间、学生与学生之间平等、和谐的民主学习氛围，建立起民主平等、相互信赖的关系，以平等的身份参与教学，发挥学生的学习积极性。在教学过程中教师要面向全体学生，给他们以主动参与教学活动及表现、发展能力的机会，在与同学、老师之间的观点和思想的交流中促使学生反省、反思，调动学生的情感、兴趣、意志等非智力因素，让学生在问题的情境中发现问题，提出问题，解决问题，教师只是给予学生系统的学法指导。

2. 加强对信息收集处理的指导

思想政治理论课属于人文学科，有综合性、多样性的特点。其教学内容与社会生活息息相关。每一个置身于社会生活之中的人，都会对各种社会现象形成自发的、朴素的认识。当前，世界经济全球化和政治格局多元化，国内多种经济成分和多种分配方式并存，伴随而来的是社会分化为多种利益群体和不同阶层，社会组织形式多样化，生活方式多样化，就业岗位和就业方式多样化。这些社会存在反映到社会意识中，就表现为价值取向的多元化。来自社会现象的各种信息以及教学主体的价值观念多元化，都是丰富的教学资源。教师要加强信息收集处理的指导，提高学生思考、诘问、评判、创新知识的能力，提升学生智慧和张扬学生的个性，以实现教学实践的合理性。

获取信息的途径有很多，既有物力的，如教科书、博物馆、遗址、纪念馆、文化馆、自然和人文景观等，也有人力的，如教师、学生、家长等；既有校内的，如图书馆、教室、实验室等，也有校外的，如展览馆、博物馆、历史遗迹、现代化新农村等；既有显性的，如教科书、文献、网络、图片、录像、影视作品等，也有隐性的，如爱国精神、献身精神、奉献精神、教师的反馈、学生的反馈等。教师要引导学生走出教科书，走出课堂和学校，开阔学生视野，吸收丰富的信息，可以有效地克服以往思想政治理论课课堂信息狭隘的局限性，提高教学效率。同时，教师如果能指导学生将这些信息资源去粗取精、去伪存真、由表及里、由此及彼，收集、筛选、比较、确定，很好地加以利用与开发，对高校思想政治理论课反思性教学是大有裨益的。

3. 注意加强对结论多样性的保护

反思性教学要求教师要学会促进以学习能力为重心的学生整体个性的和谐健康发展。这就要求教师与学生真诚地沟通，尊重学生的人格，营造民主、平等、开放的氛围，让学生畅所欲言，保护结论的多样性。一是要承认学生的独立思考和探索是有意义的。二是在学生对教师的观点提出疑问、发表不同的看法时，教师要清醒地意识到这是学生生命自主意识积极活动的表现，应加以激励和表扬，不要认为是对自己的不尊重而予以严厉批评。三是要解放学生的思想，给学生提供积极的个性化思考和自主探索的时间和空间。

4. 教师要注重自身素质的提高

课堂教学是一门遗憾的艺术。一堂课很难做到十全十美，即使课前精心准备，深思熟虑，课上运筹帷幄，精彩纷呈，但是课下细细琢磨，总会有令人感到遗憾、存在急于弥补之处。科学、有效的反思可以减少遗憾。反思性教学是教师专业发展和自我成长的重要途径。在教学中，教师要不断反思教学观念。反思性教学的本质是一个提出问题—探讨研究—解决问题的过程。教师以问题为情境，自觉地把自己的课堂教学实践作为认识对象，进行全面、深入、冷静的思考，再以体会、感想、启示等形式进行总结，经常反思，多思则活，思活则深，思深则透，思透则新，思新则进，不断形成自我反省的意识和自我监控的能力，不断丰富自我素养，提升自我发展能力，由教书匠发展为教育家、研究者，逐步完善教学艺术。

第四章　新时代背景下思政课程育人体系建设

第一节　高校大学生生命教育

人的生命是宝贵的，没有人的世界是残缺的世界，世界正是因为有了人的生命，因为人的生命创造性的演绎，才会如此精彩。然而，在现实生活中，作为天之骄子的大学生，有人却不能正确理解和把握生命，自杀、伤人或者伤害动物等漠视生命的事件时有发生。因此，让大学生明白生命的真谛是非常必要的，珍惜自己和他人的生命，快乐健康地成长。正是从这一意义上说，在高校开展生命教育，任重道远，刻不容缓。

生命教育内容的确定是建立在学者对生命本质和生命内涵的理解基础之上的。当前，因为对生命教育内涵的理解各有侧重，因此学界对生命教育的内容划分也不尽相同。综合国内研究者的观点，有的是强调死亡取向的教育，有的是强调心理取向的教育，有的是强调道德或宗教、伦理取向的教育，有的是强调生活取向、生涯发展取向的教育。有的学者又认为，生命教育的目标与内容主要包括学会珍爱生命、学会创造生命价值、自觉提升生命价值等；也有学者认为，生命教育的内容是帮助学生领悟生命的意义和价值、树立正确的人际关系、认识生命的可贵、珍惜生命的存在和欣赏生命的美好等。有的学者是从生命的自然属性、关系属性和价值属性来确立生命教育的内容体系，确立了生命的知识领域、生命的关系领域和生命的价值领域三大类内容体系；也有的学者是从自然生命、精神生命和社会生命来建立生命教育的内容体系。此外，还有的学者指出了“生命意识教育”的内容与目标，包括生命文化建设，生命价值伦理观的培育，生命认识与情感、意志教育等。其中比较有代表性的几种观点有生命价值论、生命至上论等。笔者在综合研究者成果的基础上，根据生命教育的目标，将高校生命教育内容确定为生命意识教育、生存教育、生命境遇教育和生命道德教育。

一、生命意识教育

苏格兰哲学家托马斯·卡莱尔曾说：“生命意识是个体对生命的理解与态度。它是人的生命为了适应自身生存和发展的需要，依据先天的基因，加上后天的教化而形成的对于生存和生存价值的体认和感悟。生命意识包括浅层次的生存意识和深层次的生命价值意识。

生存意识即生存意志，是个体维护生命存在和延续的欲望。生存意识的强烈与否，对个体的成长和发展有着极大的影响。”大学生的生命意识，是其对个体生命存在所产生的一种自觉的意识，是对生命的理性思考和感性体验，是对生命终极价值的审视。应该说，生命意识是人类文明发展的核心主题。然而纵观当前高校，大学生生命意识淡薄的现象较为普遍。中国青年报社会调查中心通过腾讯网教育频道，对7080名大学生进行的一项调查显示，55.1%的大学生认为高校应该加强生命教育。2004年4月在杭州召开的内地与港澳台“教师、课程与人格建构研讨会”上，来自北京、上海、南京、杭州、香港、台湾地区等地的40多位专家教授纷纷呼吁，必须重视校园“生命教育”这一教育理念。根据2006年全国两会专栏报道，针对大学生轻生、自杀所暴露出来的心理健康问题，全国人大代表呼吁开设“生命教育”课，打造心理长城。整个社会的关注、专家的重视、人大代表的呼吁以及大学生冷漠的反应，一方面显示了生命教育的重要性，另一方面也反映了当前高校生命意识教育的缺失。而在高校进行生命意识教育，本身也是教育目标中关注人的价值、关怀人的生命的重要体现。正如爱因斯坦所说，“学校应该永远以此为目标：学生离开学校时，是一个和谐的人，而不是一个专家”。生命意识的培养是生命教育的起点，是大学生正确、科学、完整认识生命的基础，能帮助大学生热爱、善待、敬畏、欣赏生命，并能主动维护生命的尊严。生命意识教育主要包括以下几个方面的内容。

（一）认识和理解生命的意识

人的生命与其他生物的生命最大的区别在于：“动物和它的生命是直接同一的，它没有自己和自己的生命活动之间的区别，它就是这种生命活动。人则把自己的生活活动本身变成自己的意志和意识的对象。”人能凭借思维，清晰地认识到自己所处的状态。因此，要理解生命就必须对生命的基本特征进行认识。在对生命的认识中，我们发现人的生命具有独特性。第一，人的生命是有限的。关于生命的有限性，主要从以下两个方面来理解：首先，人的自然生命是有限的，死亡是人生必然的结局。其次，人生的际遇是不可控制的。人的一生很难完全按照事先的设计执行，突如其来的自然灾害、疾病以及种种偶然因素，都会导致个体生命的突然消失。比如2008年的汶川大地震，原本还处在花季的孩子们，原本还希望通过自己的努力去创造未来美好生活的孩子们，却因灾难永远地失去了生命。据相关统计数据，汶川地震中的映秀小学，400名学生加上47名老师，活着走出来的只有100多个。生命的不可控及其不可逆转，让我们觉得惋惜和遗憾。正因为如此，作为社会个体的我们更应该珍惜生命。第二，人的生命具有独特性与完整性。每一个生命都是独特的个体，世界上没有两个完全相同的人，正如世界上没有两片完全相同的树叶。遗传的差异性是个体保持独特性的生物性基础，但人的独特性更多是来自后天环境、教育和个人实践活动的影响。生命既具有独特性也具有完整性。当我们人为地划分生命的结构时，殊不知却忽略了生命的完整性。哲学家雅斯贝尔斯曾经说过：“毋庸置疑，生命是完整的，它有年龄、自我实现、成熟和生命可能性等形式，作为生命的自我存在也向往着成为完整的，只有通过对生命来说是合适的内在联系，生命才能是完整的。”每一个个体在追求完整性的同时追求着个性，因此，任何对生命的解读和理解都必须建立在对生命完整性和独特性的基础之上。第三，生命具有精神性和超越性。人的生命不仅仅是自然赋予的肉体生命，还包括后天发展起来的精神生命，这也正是人的生命完整性的体现。人生存于世界之中，生存于自我意识之中，能够意识到自身生命在世界之中的活动，并在人的意识之中给出人的活动，人对人的生命活动的意识构成生命的意义。人的生命是一种追求意义的存在，而探索有意义的存在是实存的核心。人生的过程不仅仅是物理时间延长的过程，更是一个不断追求生命意义、实现生命价值的过程。在此过程中，人们改变和创造社会，并不断超越自我，提升自我，走向新的解放，生成新的自我。第四，生命具有实践性的特点。独特的个体、完整的个体、超越的个体，都是在实践中展示和表达出来的。应该说，实践是人类存在的最基本方式。个体在实践中体验生命的困惑，在实践中追求生存意义，在实践中创造美好的未来。认识生命的本质特征是我们生命实践的基本前提。

此外，认识和理解生命还应该了解完整生命的三重性。人的生命包括三个层次：自然生命、社会生命和精神生命。第一重生命是自然生命，亦即肉体生命。中国传统文化有“贵生”的思想，如孔子所说的“子钓而不纲，弋不射宿”，荀子所说的“水火有气而无生，草木有生而无知，禽兽有知而无义，人有气、有生、有知，亦且有义，故最为天下贵也”，自然生命也有其尊严和价值。于是饮食代谢、生生息息、衰老病死，这些生物学层次的生命都是我们应该尊重的。这一重生命如人的脚，虽“低俗”，却是后两重生命的基础和“载体”（至少是一段时间的载体）。这是生命的最低状态，然也不乏精彩和灿烂。可光有它，太可怜；而没有它，更可怜——一切都将无从谈起。说到底，它是“1”，后面的都是“0”；爱惜、尊重和敬畏它，是人生的首义。第二重，社会生命，亦即人际生命。每个人不仅是自然的个体，也是社会的个体。从社会学的意义来看，每个自然生命被赋予了社会的意义和价值后，他就不再仅是自然生命，而是与社会发生了千丝万缕的联系，包括社会生活的多重角色、权利义务、社会关系等。这种社会学意义上的生命层次，使个体承担更多的责任，同时也赋予了人生更多的意义，承上启下、展现风采，位居生命的中间状态，有着10倍于“1”的生命质量，更精彩、更灿烂。例如，中国生命存在的最高境界就是“舍生取义”。“‘生，亦我所欲也；义，亦我所欲也。二者不可得兼，舍生而取义者也。’其中，‘生’是自然生命之生，而‘义’则象征着个体在社会中的精神生命之存在，‘舍生取义’并不是不珍惜人的生命，而是在不可兼得之时以自然生命之死换得精神生命之生。”第三重，精神生命，亦即永恒生命——传感真谛、承系天地、永世长存，属于心理学和哲学层面。这重生命是人区别于其他生物的根本标志。这重生命如人的头颅，主宰着人生大义，为最高层次，至少有100倍于“1”的生命质量，最精彩、最灿烂。个体的精神生命可以使我们从小我走向大我，为民族、为国家、为世界、为人类做出贡献。所谓“生命有涯，精神不死”，是精神生命相较于肉体生命和社会生命所传达给后人的精神影响。

（二）热爱和珍惜生命的意识

在认识和理解生命的基础上，大学生生命教育要培养学生热爱和珍惜生命的意识。热爱是一种深厚、积极、稳定的情感，热爱生命是情感的培养。高校生命教育意识培养，要求大学生在实践活动中亲身体验和经历。这种对生命热爱的情感一旦养成，再经过加强和巩固，有助于他们在未来社会生活中无论遇到怎样的挫折都能从容面对。契诃夫的短篇小说《打赌》讲述道，一位法律学家与一位企业家在一次沙龙聚会中谈到一个新近被判15年徒刑的囚徒时争执起来：企业家认为在监狱里蹲15年还不如判死刑；法律学家则认为活着总比死了好，活着就是希望。二人争执不休，最后打起赌来，赌注是法律学家让企业家把他关起来，15年后如果法律学家不违约，企业家的全部财产归法律学家所有。第二天早晨，法律学家便被企业家关进自己后花园的一间小屋，这间小屋只有一个送食物的小小窗口。法律学家蹲在这个与世隔绝的小屋里开始过监狱生活，企业家每天给他提供所要读的书。时间一天天流逝，法律学家读完了政治、经济、哲学、科学、神学、文学大全。15年的时间终于到了。这时的企业家因在生意场中失利，他知道时间一到自己便会变成一个穷光蛋，于是他决定在到期的头天夜里杀死法律学家。企业家好不容易打开那把15年来从来没有打开过的生锈的铁锁，发现法律学家正在残烛前伏案熟睡。企业家正欲趁机杀死这形容枯槁的法律学家时，却发现桌上放着一封给他的信。信中法律学家说，他感谢企业家，15年来他读了许多书，这些知识将是他终身用不尽的财富；他还明白了许多道理，他决定不再要企业家的财产，将于第二天拂晓前破窗而出，自动毁约。企业家看完信决定放弃杀死法律学家的念头。第二天拂晓前法律学家果然毁约破窗而出，既保留了企业家的财产，也保住了自己的生命。

这篇小说包含许多人生哲理，世间一切事物中最宝贵的就是生命。热爱生命，活着便是希望，应该是它的主题。首先，热爱生命并不等于贪生怕死，“人生自古谁无死”？秋瑾有一首诗：“不惜千金买宝刀，貂裘换酒也堪豪。一腔热血勤珍重，洒去犹能化碧涛。”古今中外一切取得伟大成就的人都是懂得生命价值和追求更高生命价值的。一切正常人都是珍惜生命、热爱生命的。“人固有一死，或轻如鸿毛，或重于泰山。”当然在生活中不可能每一个人的死都重于泰山，然而却不可以轻如鸿毛。人是不可以轻生的。大仲马曾经说过：人类的全部幸福就在于希望和等待之中。活着是幸福，希望是幸福，等待是幸福。整个人类社会的一切都是在为了人类的生存和追求幸福而运作，活着和幸福是人类的主题和目的。离开了活着和幸福，人类的一切将失去意义。

热爱生命、珍惜生命就要养成健康的生活方式。1992年世界卫生组织（WHO）在加拿大维多利亚召开了国际心脏健康会议。会议上发表的《维多利亚宣言》指出，在数百种健康因素中，以合理膳食、适量运动、规律生活（含戒烟限酒）和心理平衡最为重要。这四大基石构成的健康生活方式，若能做到并长期坚持，可解决70%的健康问题。校园是非常有利的健康生活方式的养成环境，大学生要抓住这个机会，养成一生的健康生活方式。

首先要合理膳食，养成健康的睡眠习惯。这对于一部分大学生有一定的难度。他们沉溺于游戏，生物钟紊乱，因长期缺乏睡眠导致精神涣散、学习效率下降。其次要保持良好的心态。每个人的生活不可能一帆风顺，来自学习的压力、人际交往的压力以及情感问题往往会使大学生陷入苦恼之中。这就要求大学生以平常心对待，因为情绪大起大落的波动容易导致身体和精神上的疾病，不好的情绪易破坏人体免疫功能，加速人体衰老过程。所以生活、工作中非原则问题无须过分坚持，要懂得欣赏自己所拥有的，时刻提醒自己要保持轻松愉悦的心情。最后要进行适当的锻炼。选择一种自己喜欢并适合每日锻炼的方法，比如跑步、游泳、打球、健身等，日复一日地坚持下去。但必须注意选择自己所喜欢的运动，如果逼自己做绝对不喜欢做的事情，便很难坚持。所以需要尝试找到合适的、喜欢或可以学习喜欢的运动。运动不但能提高自己的身体素质，有助于改善体形，还可以调节身体功能，减少脂肪含量，使我们拥有健康的身体。

热爱和珍惜生命就要求大学生学会体验生命的快乐和精彩。对他人要爱人如己，关爱他人，与他人和谐共处；对自然要学会珍惜生存环境，热爱自然中的一切生命，热爱树木花草，与自然和谐共处。杰克·伦敦的名篇《热爱生命》中讲述了两个淘金人历尽苦难和艰辛，从死亡线上挣扎过来的感人故事；让我们感受到人的生命力是多么强大，人的生存欲望是多么强烈，人在死亡的边缘才会深切感受到生的可贵。生命在其发展过程中是会遇到许多艰难困苦的，这恰好证明了生的可贵。生命是一切上层建筑和物质世界的基础，因为人类有了生命，才有了思想，才有了希望和追求，才有了这个五彩缤纷，像万花筒一样美好的世界。生命面对时间和空间，正如苏轼所说："盖将自其变者而观之，则天地曾不能以一瞬；自其不变者而观之，则物与我皆无尽也。"人生是短暂的，也是永恒的。人世间的生活才是实实在在的，有天伦之乐、朋友之谊、恋人之情，有理想，有美好，有追求，有梦幻，热爱和珍惜生命，我们才可以过上快活的人生。应该说，热爱和珍惜生命，就是要在认识和理解生命的基础上，把保存生命作为人生的最大价值，并以此为前提去充实生命的应有内涵，实现生命的价值和意义。

（三）尊重和敬畏生命的意识

尊重和敬畏生命在大学生生命意识培养中尤其重要，因为只有在认识和理解了生命的独特性后，我们才能学会尊重和敬畏生命。

尊重生命有三个层次。第一，尊重自己的生命。一个连自己的生命都不尊重的人，是不可能懂得尊重别人的生命的。尊重自己的生命，当然也包括珍惜生命、热爱生命，但更重要的是承担自己的义务，努力做好眼前的事情、身边的事情，做自主生活的强者。尊重生命就是要热爱生命、珍惜生命、直面挫折，勇敢地担负起对自己的责任、对父母的责任、对学校的责任、对社会的责任，永不放弃生的希望，做生命的主人。对于每一个人来说，人的生命只有一次，在人类历史的长河中，生命是短暂的，但在个体的成长过程中，生命又是漫长的。每个人从出生到死亡，要经历一个跌宕起伏的曲折过程。人生的意义不在于生命的长短，而在于生命的意义，在于生活是否精彩。第二，要尊重他人的生命。生命具有最大的普遍性。每个人都希望自己的生命不要受到伤害，都希望别人尊重自己的生命。这就要求我们每个人都尊重他人的生命，绝不去伤害他人的生命，这是道德的底线，也是最具有普遍意义的道德。那么尊重他人生命的道德基础是什么？周国平认为，人有两个本能，一个本能是爱自己的生命，对自己生命有利的东西，他就喜欢，就想得到；对自己生命有害的东西，他就厌恶，就想避开，这就是所谓的“趋利避害”。从这个意义上可以说，利己是人的本性。另一个是同情本能，就是看见别人的生命有了危险，遭到了威胁或损害，他会设身处地去感受，他也会不好受。尊重生命就要有包容之心和爱心。有的生命精美绝伦，有的生命并不那么完美，我们尊重生命，就要以包容之心去对待一切生命现象，而不要以唯美的标准去苛求他人，要学会接受生命的不完美。对于一名教师而言，尊重生命就是要尊重每个学生的独特个性，接受每个孩子的优点和缺点，努力培养学生健全、丰富的情感。第三，要尊重自然界所有的生命。生命是自然界的奇迹，人类本身也是生命形态之一，这种生命形态与其他的生命形态息息相关，并不能脱离其他的生命形态而独善其身。因此，人类不仅要尊重自己的生命，还要尊重别人的生命以及一切生命形态，而对自然的尊重就是对人类自己的尊重。大自然是伟大的，一草一木都有其存在的意义。生命是崇高的，在自然的生命面前，一切生命都是平等而珍贵的。从尊重自己的生命角度来说，首先是要珍惜生命，养成健康的生活方式，不做损害生命的事，比如吸毒、纵欲、过劳。其次是要享受生命。生命的享受不仅仅是满足生理性的欲望，更重要的是满足生命的欲望。现代社会，人们往往将物欲等同于生命欲望，殊不知物欲是社会刺激起来的，绝不是生命本身的需要。中西方的哲学家早就认识到了生命对物欲的需要是十分有限的。如道家强调“全性保真”“不失性命之情”“不以物累形”，这些都体现了先人的智慧。

敬畏在现代汉语词典中被解释为“又敬重又畏惧”，敬畏是一种掺杂着惊讶、恐惧的尊崇的情感。敬畏不等于恐惧，恐惧产生卑怯感，而敬畏则产生崇高感。因此，不畏者不敬，畏和敬是不可分的。生命之所以值得敬畏的本质在于生命的不可重复性和创造性。敬畏生命要求大学生对所有的生命保持最基本的善意，在力所能及的范围之内，避免伤害生命并救助生命。阿尔贝特·史怀泽提出了“敬畏生命”的概念，并以此为基础构建了生命伦理学，还将生命伦理学扩展到自然万物。他说：“我的生命对于我来说充满了意义，我身边的这些生命一定也有相当重要的意义。如果我想要其他生命尊重我的生命，那么我也必须尊重其他的生命。传统道德观念一直局限在人与人之间，这是极其狭隘的，我们应当有一种没有界限的道德观，把其他动物也包括在内。”史怀泽指出，对一切生命负责的根本理由是对自己负责，如果没有对所有生命的尊重，人对自己的尊重也是没有保障的。任何生命都有自己的价值和存在的权力，若习惯于把某种生命看作没有价值的，就会陷于认为人的生命也是没有价值的危险之中。对非人的生命的蔑视最终会导致对人自身的蔑视，世界大战的接连出现就是明证。

敬畏生命特别强调对生命的责任。我国著名哲学家、北京大学教授张岱年先生曾说，人之所以为人应该具备两个条件：第一是拥有独立人格，即对自然、社会、自我的关系有充分的认识能力；第二是有社会责任感。个人的成长过程就是个人从不完整的人成长为完整的人、不断提高自我认识能力和社会责任感的过程。孔子的伟大与崇高，缘于他对“自然”与“人道”的敬畏，并把这种敬畏感付诸生命的行动与追求，从而树立了崇高的人格和不朽的精神。孔子曰：“吾十有五而志于学，三十而立，四十而不惑，五十而知天命。”孔子所说的“知天命”，就是以敬畏的心态承担自己的责任。做一个堂堂正正的人，履行自己的责任，以“人道”的原则要求自己、锻炼自己、鞭策自己、提升自己、完善自己。这是孔子对人生观的一种表述，也是对自己人生历程和生命意义的总结。要“知天命”，就不能不对生命心存敬畏，并且要躬身行之而不可有丝毫懈怠和轻忽，更不可有侮慢之心，因为这不是我们通常所讲的认识问题，而是生命的意义问题，也是生命的归属问题。然而，近年来部分高校大学生的心理问题突出，甚至出现了一些犯罪行为。他们不好好地对待生命，更别提什么理想或精神的追求了。这些问题一再提醒教育工作者，在教育中，应该着力培养孩子的敬畏感，包括敬畏生命、敬畏自然、敬畏崇高、敬畏美好、敬畏师长等，也就是要培养孩子对生命价值的认识，对自然的亲近，对崇高事物的追求和向往。如果青年没有这种敬畏之情的话，就很可能成为一个对自己的内心世界没有约束的人，一个缺少憧憬与精神追求的人，将来可能会是一个“背着炸药包”走上社会、危害社会的人。所以，丰子恺先生曾多次善意地劝告小孩子，不要肆意用脚去踩蚂蚁，不要肆意用火或用水去残害蚂蚁。他认为自己那样做不仅仅是出于怜悯之心，更是怕小孩子那一点点残忍心以后扩大开来。想想看，先生的做法，可能也是想从小孩子的身上就开始培养一种对生命的敬畏之心吧！敬畏生命还要正确地对待死亡，只有敬畏生命才能尊重生命。

（四）创造和超越生命的意识

格里芬曾指出：“从根本上来说，我们是‘创造性’的存在物，每一个人都体现了创造性的能量，人类作为整体显然最大限度地体现了这种创造性的能量（至少在这个星球上如此）。”生命的本质在于创造。一方面，我们能在社会实践中创造出社会上原本不存在的东西，影响和改变世界，从而满足人类社会生存和发展的需要。另一方面，生命在不断的创造中得以发展和壮大。人类从来不满足于自己的生存现状，凭借人类的智慧，不断超越生命存在的现实，提升生命的创造力，更新和丰富生命存在的内容和方式。存在不是生命的根本价值，生命的存在是为了追求更有意义、更有品质和更有价值的生活。印度哲学家奥修说：“一个伟大的导师，不是让他的学生学会了多少知识，而是让他的学生拥有了创造力，去创造他们所想要的一切。”奥修所提到的创造力就是生命的本质，当一个伟大的导师能让跟随他的学生认识到自己生命的本质时，那个时候学生也就拥有了全世界，拥有了他所想要的一切。因为生命中最重要的是创造力，其他的都是附加的报酬。但是，社会的物欲横流，让一些人根本没有时间思考什么是生命的本质，反思幸福的源泉，他们希望得到的是可以看到、触摸到、使用到的实实在在的东西；一些大学生所关心的也只是能否评上“三好学生”“优秀干部”，能否加“量化分”，能否多拿一个证书为未来求职增加砝码。人们在追逐名利、金钱、事业成就、地位等的过程中永远都不会满足，在得到的时候人们只能获得短暂的快乐和满足，随之而来的是更深的匮乏感和更多的欲望。他们原以为只要拥有了自己想要得到的东西，就会得到幸福，可却发现自己离生命存在最深的渴望——幸福，越来越远。

人们之所以在无限追逐成功的过程中感受不到幸福，是因为很多人本末倒置，将追寻生命幸福的手段当作目的，脱离甚至忘记了自己生命原本最重要的来源——创造。当人们都没有办法进入创造之流的时候，就会寻找替代品，有的替代品就是去追逐原来只是跟随创造而来的报酬，如金钱、名利、关系。他们以为最重要的是这些，而忘记了创造力这个本质的存在。当人们能认识到生命中最重要的是创造，其他的都是附加报酬时，就不会脱离生命的本质。所以当我们回到创造本身，而不是执着于外在替代品，我们就能真正享受到由创造而衍生出来的报酬——金钱、关系、名利，而不是陷入金钱、关系、名利中不能自拔。而所有的宗教、心灵成长的过程，最终的目的都是让我们清醒过来，不要沉迷于外界的物质世界，真正能让我们的生命长存并具有存在意义的就是认识到创造之流的存在，无论我们现在拥有什么，或者没有什么，其实都不是最重要的，重要的是我们是否能够发挥我们的创造力，为我们自己、为世界而创造。

中国台湾知名画家谢坤山，12 岁时就失去了双手、一条腿，后来又失去了一只眼睛，可他却成了当代人的偶像——生命积极正面的励志偶像，成了一名出色的画家，一名充满爱心的社会义务工作者，为许许多多的人扬起了生命的风帆。他比很多的正常人生活得更加积极、更加幸福、更加具有创造力。他生存于这个世界，同样需要金钱、关系、名利等一切正常人所需要的，可正是因为他认识到生命的本质是创造，而不是其他，所以就算他失去了很多在我们看来非常重要的东西，依然能比一般人生活得更幸福、更精彩。正如前面所谈到的，生命中最重要的是创造力，其他的都是附加的报酬，而真正幸福的人就是进入创造之流的人。哲学家尼采也曾经说过生命的本质在于创造，人只有在创造中才有自由，因而尼采特别强调艺术的创造性，他喜欢将艺术同自然的生殖性联系起来，祈望艺术像自然一样，“在万象变幻中，做永远创造、永远生气勃勃、永远热爱现象之变化的始母”。从生命的理想来看，人类的一切智慧都力图超越自然生命的有限性，进而去追求精神生命的无限性，并实现二者的统一，超越生命。生命具有通过人的实践活动去超越生命本身的能力，人的生命就是一个不断去创造和发展的过程。相较于无法超越的动物生命，人的生命本质就是在创造中超越自己。然而，当今社会的一些人，只是被动地接纳社会的个体，将原本扩散型的生命历程简化为线性的生命历程，单调而重复，十年如一日地重复。没有了超越性，人的生命的存在就如同动物的生命一般，最终也会丧失作为人的本质的存在。

超越生命的极限，也是高等学校生命教育的重要内容。教育是要从人的生命深处唤醒人沉睡的自我意识，激发人的创造力、生命力、价值观，使人具有一种觉悟，触及人的灵魂，使人心灵震撼，催醒人内心深处沉睡的意识，使人灵魂的眼睛抽身返回自身之内，内在地透视自己的灵体。在人生中，只有教育才能使人不断认识、不断改正、不断总结、不断积累、不断适应、不断成熟，使人的生命连续发展，不断发展进步、不断创新升华，直到人生命的最大值，即人生命的最大极限，最后坦然走向死亡。死亡是必然的，人有生必有死，这是自然的，无论高贵还是卑微都回避不了。但是人可以超越生命的最大极限，即延长人的有限生命，超越人固有的生命。这些目标的达成，都与教育有着密切的联系。因为人在世界上，活得时间越长，走得越远，拥有的综合能力就会越强，知识智慧就会越多，生活阅历就越丰富。人们常说，在世长寿，多得福，是修来的。这个“修”字就离不开教育。修身厉行，要想厉行必须修炼，修身修心，修身养性。身是外在的，而心态和性格是内在的，是看不见的东西，只有通过言语行为表现出来，所以提倡教育要弘扬个性生命。这是对生命的尊重，是对生命价值的尊重，是尊重生命的独特性。

二、生存教育

生存，是人类在发展中面临的共同课题，也备受世界各国学者的关注。1972 年，联合国教科文组织在《学会生存——教育世界的今天和明天》报告中，就曾指出“教育的使命，正是为了准备未来，使我们的受教育者学会生存”，并且向全世界提出“学会生存”的倡议。1996 年，国际 21 世纪教育委员会的报告《教育——财富蕴藏其中》指出，未来教育的四大支柱是学会认知、学会做事、学会共同生活、学会生存。学会生存是未来教育四大支柱的基础，因此结合中国社会现状，在高校开展生存教育是很有必要的。首先，从自然角度分析，近年来，我国地震等自然灾害频发，对国家的经济社会发展和人民的生产安全带来了重大的损失。掌握最基本的生存能力，是在困境中自我脱险的前提。2008 年汶川特大地震中惨重的人员伤亡使得高校更加重视生存教育问题，将其作为生命教育的重要内容。其次，从社会角度分析，中国在改革开放 30 年后，经济社会飞速发展，社会生活正发生翻天覆地的变化，在转型时期，经济发展的“软着陆”与政治体制的深化可能会引发一系列的社会问题。大学生作为未来社会发展的主力军，他们生存能力的高低直接影响着中国社会未来的发展。

生存教育简单来说就是生存能力的教育。生存能力是指一个人为了保存和发展自己，通过自身的努力在对自己的生存环境和条件进行适应、利用、斗争、创造时所表现出来的综合能力。以培养和训练学生生存能力为主要目的的教育，就是生存教育。当前世界各国广泛开展了对青少年的生存教育能力的培养。如日本从 20 世纪 80 年代开始，提出在“轻松宽裕”的环境下培养学生的“生存能力”，并强化社会教育功能，以学校与社区联合、融合的方式，培养青少年“切实的学力”“丰富的人性”“健康与体力”等各个方面的能力。英国沿袭教育传统，重视“绅士教育”，学校与家庭配合共同实现教育目的。在家庭中，家长不娇惯孩子，在尊重他们独立人格的前提下，对他们进行严格的管束。在学校，学生必须接受磨难训练。例如著名的伊顿公学，其教育经验之一就是让学生吃苦。英国冬天很冷，但学校不设暖气，让学生只盖一条毛毯睡觉，洗澡也得用冷水。此外还采取了一系列的措施，引导学生树立自尊、自律、自强意识，增强辨别是非和自我保护的能力。在美国，家长从孩子小时候起就引导他们认识劳动的价值。德国则十分强调和重视基础教育中的劳动技术教育，并将其看作学生未来职业生活和社会生活的重要准备，以及学生全面素质发展的重要组成部分。相较于发达国家较为成熟的青少年生存教育，我国的青少年生存教育存在普遍缺失的现象。云南省在2008年实施了以生命教育、生存教育和生活教育为主要内容的“三生教育”试点工作，目的在于帮助学生掌握生存的基本知识与技能，保护生存环境，提高生存的适应能力、发展能力和创造能力，实现生命的意义和价值。在当今社会，我们更多的是遵循法律、道德和社会规则，但还有一样东西虽看不见却贯穿于生活始终，那就是最原始的自然法则。放眼社会，能取得成功的人都践行着自然法则，其中包括拥有坚忍不拔的意志、永不服输的精神。引导孩子进行一些野外生存训练，是在提高孩子对自然和人类探索的兴趣和发现问题、脱离困境的能力，对孩子的未来成长大有裨益。根据教育的连贯性与一致性，在青少年时代缺失生存教育的孩子进入大学后，也容易表现出各种不适应，各种案例不胜枚举。国内高校的生存教育处于起步阶段，没有系统的课程设计和实施方案。一些当代青年由于缺乏基本的生存技能和社会生活法则而引发的社会问题也引起了全社会的普遍关注，如“月光族”“啃老族”的出现，大龄未婚群体人数的上涨等。按照爱因斯坦的说法，大学的基本任务不是培养专家，而是培养身心和谐发展的人，当代的大学生不仅要具备一定的专业知识和专业技能，更应该具备基本的生存知识和能力。这既是高等教育的目标之一，也体现了高等教育的完善程度。

（一）生存价值教育

在高校开展生存教育，要注意培养大学生的生存意识，进行生存价值教育，使其养成良好的生活习惯。生存意识，也被称为“本能意识”，是人类的最基本精神，影响和调控着人类的一切行为。人类通过实践和劳动衍化出了精神领域的其他意识和能力，如人的学习意识、审美意识、创造意识、求职意识等。应该说，生存意识是其他意识的母体，它充溢在人类的一切活动之中，而子体又以不同的表现形式体现了人类的生存意识。古今中外的学者对于生存有着自己独到的见解。在西方，萨特、尼采、海德格尔、雅斯贝尔斯等大哲学家都对生存进行了深刻的阐述，并以此为基础构建了存在主义哲学的大厦。尼采曾经说过：“我们必须在自己面前对我们的生存负责，因此我们需做这生存的真正舵手，不允许我们存在类似一个盲目的偶然。”马克思也从实践的角度去解释生存：“一是人的对象性的生存实践活动是对象人化的活动，同时也是人对象化的活动；二是人的对象性的生存实践活动是人生意义的源泉，也是人合理地对待人生智慧之源；三是人智慧地对待‘生’，也就意味着智慧地对待‘死’。”而中华民族顽强的生命力来源于中国传统文化中的生存意识，中国人重视生存，能够在极其艰难的环境下顽强地生活，并延续和创造文化。1988年，诺贝尔奖获得者瑞典物理学家汉内斯·阿尔文博士曾说过：“如果我们人类还要继续生存下去，我们就一定要倒退回去两千五百年，去追寻孔子的智慧。”孔子以“和”求生存，以“和”求德行，以“和”求发展。

儒家以孔子为代表的关于“人能弘道，非道弘人”“行‘恭、宽、信、敏、惠’仁德于天下”“礼之用，和为贵，先王之道，斯为美”等，以及道家的“本真自然”的生存理念与生存智慧对于现代人磨砺生存意志，缓和生存境遇中人与自然、人与人、人与社会之间的矛盾，促进社会和谐有着重要的意义与教育价值。人类在生存中创造文化，而文化的一个重要功能就是帮助生存。要加强大学生生存意识的培养，使他们能够拥有对生命的责任感，在面对危害的时候拥有自救能力，在面临人生困境时永远以生命为唯一的选择前提，并在此基础上改变人的意识、思想和行为，以此为基点，让大学生意识到人的价值就在于为人类、为民族、为国家、为世界做贡献。

生存价值教育是为了让学生了解生存的价值与意义，了解生存是实现生命价值的基本途径。当代社会生存异化现象较为严重，高校中也存在生存异化的现象。究其缘由，在于当代社会政治、经济生活发生了巨大的变化，生活方式的变革、外来文化的侵袭以及价值观念的多元导致了人在自我认知中的失度。严重的生存悖论造成了人的困惑，大学生也不例外。他们时时会对自己提问：生存的目的是什么？上大学是为了什么？一旦这些问题的答案被“自我中心”“征服”“占有”的利己取向指挥，就会导致他们的生存异化——物质化。因而，高校的生存教育必须正确而又深刻地回答大学生的世界观和价值观问题，给他们提出的问题一个既具有说服力又令人满意的回答。“学会生存、适应生存”是生存哲学在当代重要的价值旨趣。然而“生存”并不仅是生存，而应该是生存的“生存”。也就是说，我们要构建生存的社会化方式，在社会生活与社会关系中学会生存，实现生存的价值与意义。生存教育的价值旨趣是“成为人自身”，它包括对人“本源性”的生存状态的澄明和回归、对人的“超越性”的承诺、对人的“整体性”的呼唤。使生存“超越”沉沦，彰显人的“本源性”和“整体性”存在，是生存哲学所追求的境界，是生存教育所要实现的价值本质，也是生存教育回归教育的生命价值本源的核心所在。总体来说，大学生生存价值教育要让学生充分意识到提高生存能力的必要性，端正生活态度，树立人的自我身心、人与社会、人与自然的和谐观念。

此外，针对“90后”大学生，应该培养他们吃苦耐劳的精神，使他们养成勤俭节约等良好的生活习惯。生存教育在世界各国的推行中都以学生的习惯为抓手，从小培养学生的良好习惯，为儿童未来应对社会上的激烈竞争做准备，比如说在生存教育中强调培养学生的吃苦耐劳教育。日本从幼儿园就开始注意培养孩子的“吃苦”精神，并将这一内容写入了幼儿园的保育大纲中。此外，大部分幼儿园和学校都坚持“赤体教育”，就是让3～6岁的小孩子，无论严寒酷暑，一年365天，都只穿蓝色运动短裤、白色运动鞋，进行一定时间的室外锻炼。从1992年开始，日本废止了小学阶段低年级的理科和社会科，新开设了生活科。开设这类综合课程的目的就在于让儿童通过具体的活动和体验，形成对自己、对身边的社会和自然的联系的关心，去考虑自身和自己的生活。在这个过程中，掌握必要的生活习惯和技能，形成走向自立的基础。日本的中小学每年都要定期举办“田间学校”“孤岛学校”活动，组织学生到田间、海岛或森林“留学”，培养他们吃苦耐劳的精神和克服困难的毅力。在英美国家，家庭、学校、社会三位一体，互相配合，着力培养孩子的吃苦耐劳精神和劳动意识。这样做，不仅培养了孩子的劳动能力，也有利于培养孩子的责任感，让他们清晰地意识到作为一个家庭成员、社会公民应尽的责任和义务。反观我国在独生子女生育政策背景下成长起来的青少年，从孙云晓的儿童报告文学《草原上的较量》中我们就可以看到，我们的基础教育除了在知识教育方面能拿得出手，其他方面还比较落后。再比如勤俭节约美德的培养。勤俭节约是中华的传统美德，但随着我国经济的迅速发展，国民的经济收入大幅度增加，不少人认为勤俭节约是社会物质生产的极大不丰富而倡导的一种生活方式，认为在教育中再谈勤俭节约已经没法引起学生的共鸣。而在发达的资本主义国家——英国，社会倡导节约这一美德，并在教育中全面贯彻。此外，《公立学校德育大纲》对不同年级学生的节约行为及美德都有明确的规定。比如，对于小学五年级学生来说，学校要开展三种节约教育：一是科学使用金钱，不得浪费；二是任何小东西都必须妥善使用；三是必须懂得节约性消费，避免各种奢侈浪费。对小学六年级的学生开展两种节约教育：一是养成储蓄习惯，学会正确储蓄的方法；二是懂得饮酒的危害和因此而造成的浪费。中学一年级则开展三种节约教育：一是生活要俭朴；二是不轻易借贷；三是懂得赌博这种恶习的危害。此外，新加坡、泰国、马来西亚、日本、印度尼西亚、美国等国家，均在教育中通过各种不同的方式培养学生良好的习惯，培养其节约意识。

教育家杜威认为，每个人拥有生存发展的能力，而教育的作用正是为人类实现生存发展的能力，为实现发展（继续生长）的愿望提供有效方法，并促使愿望的实现。高校生存意识、生存价值教育以及对大学生良好生活习惯的培养，其最终目标还是“人本身”。

（二）生存知识和技能教育

全国每年因突发公共事件造成的损失非常惊人。国家行政学院公共管理教研部李军鹏提供的资料显示：2003年，我国因生产事故损失2 500亿元、各种自然灾害损失1 500亿元、交通事故损失2 000亿元、卫生和传染病突发事件损失500亿元，以上共计达6 500亿元，相当于损失我国国内生产总值的6%。全国人大常务委员会委员、中国人民大学劳动人事学院副院长郑功成所做的统计显示：2004年，全国发生各类突发事件561万起，造成21万人死亡、175万人受伤。全年自然灾害、事故灾难和社会安全事件造成的直接经济损失超过4 550亿元。从2003年的突发公共卫生事件非典，印度洋海啸转瞬间夺走23万人的生命，100多万人沦为灾民，50个国家的人民失去同胞，到2008年汶川地震的巨大人员伤亡和经济损失，我们开始痛定思痛，国家更加关注国际合作和责任、世界公民意识、全球化等重大问题。2016年11月20日，亚太经合组织第二十四次领导人非正式会议在秘鲁利马举行。国家主席习近平出席并发表题为《面向未来开拓进取　促进亚太发展繁荣》的重要讲话，指出“我们要坚定不移引领经济全球化进程，引领经济全球化向更加包容普惠的方向发展，反对一切形式的保护主义”。因此，在高校进行生存教育，让学生掌握日常的安全知识以及应对自然灾害的必要常识，能及时帮助学生建立适合自己的生存追求，在价值多元及众多生存异化的现象中，学会判断和选择正确的生存方式，学会应对危机和摆脱困境的知识和方法，满足个体在社会上安身立命的需求。

衣庆泳和接弘在对辽宁省大连地区三所高校的大学生进行安全意识抽样调查后得出以下结论：大学生具备一定的安全防范意识，但深度与广度还需加强。73.2% 的大学生能做到“使用煤气后会进行检查”，78.4% 的大学生表示“在家睡觉前会检查门窗是否关紧”，68.6% 的大学生能够做到“总是按使用说明书正确使用家用电器”。但是，56.9% 的大学生表示不清楚“有机食品、绿色食品、无公害农产品之间的差别”，42.4% 的大学生没有“检查过家中电线有无老化现象”。与安全防范意识状况相比，大多数大学生欠缺危险应对意识。74.5% 的大学生表示“知道医药箱的存放位置”。但是，55.6% 的大学生不清楚“食物中毒的急救措施”，53.7% 的大学生不清楚“如何使用公共场所的消防栓或灭火器”，46.4% 的大学生不清楚“天灾（如地震、洪水等）征兆与应对措施”。因此，在高校开展生存知识和技能的教育十分有必要。

高校生存知识和技能的教育既包括日常安全知识，也包括应对自然灾害、突发事件的必要常识。首先，要普及大学生日常安全知识。随着社会的发展进步，大学生的生活空间也在扩展，交流领域也在不断地拓宽。大学生不仅要在校园内学习、生活，还走出校园参加众多的社会活动，危及安全的因素也随之不断增多，诸如无序的交通、变质的食品、水电隐患。稍有不慎就可能会造成不幸，给家庭造成痛苦，给社会造成负担。进行人身安全教育，帮助学生了解人身安全的基本常识，掌握处理各种应急情况的技能，提高自身的防御能力，就显得尤为重要。针对当前普遍存在的大学生财产安全意识薄弱、轻信他人、财物保护观念差的现象，更要加强大学生的安全意识教育，提高大学生的自我防范意识和能力。在高校发生的各类案件中，盗窃案高达 90% 以上。大学生日常安全涉及每个人的学习及日常生活，包括人身安全、财产安全、防火安全、生活安全、交通安全等。

其次，还要普及大学生应对自然灾害和突发事件的必要常识。学生意外伤害事件的频频发生，不仅给家庭造成了无法弥补的伤害，也为学校工作带来了难题。第十届全国人民代表大会常务委员会第二十九次会议通过《中华人民共和国突发事件应对法》，并于 2007 年 11 月 1 日起正式施行。该法案第 30 条明确规定：各级各类学校应当把应急知识教育纳入教学内容，对学生进行应急知识教育，培养学生的安全知识和自救与互救能力。在大学生应对自然灾害的常识中应该普及躲避地震的常识。当今全球已经进入地震多发时代，因此，地震应对常识是我们在生存教育中必须讲授和让学生模拟体验的内容。此外，台风、雷击、洪水等自然灾害也是我们生存教育的重要内容。

除了向学生进行日常安全教育和应对自然灾害与突发事件的必要常识教育外，我们还需要教授一些必备的技能技巧。在我国，从基础教育到高等教育，生存教育还未被正式纳入教学体系，加之社会民众缺乏生存教育意识，使得人们缺乏防灾意识和自救、救护的能力。

现代社会，人们应该具备一定的急救知识和技能，因为这不仅代表着一个国家国民的综合素质、文明程度和发展水平，同时也标志着一个国家现代医疗健康保障体系的完善程度。在这方面，我国与发达国家的差距十分明显。比如，新加坡国民接受生存教育的比例是8∶1，澳大利亚国民接受生存教育的比例是20∶1，美国国民接受生存教育的比例是25∶1，而北京2004年国民接受生存教育的比例仅能达到150∶1。根据北京市政府要求，在2008年奥运会召开之前，北京市民接受生存教育的比例达到60∶1。与理论知识介绍相结合的实践技能的培养应该是构成生存教育的重要组成部分。比如，教会学生使用灭火器，掌握人工呼吸和胸外心肺复苏挤压的基本技巧，等等。因此，大学生生存教育应该让学生充分了解日常生活中的水、火、电以及自然界中的地震、台风、洪水、雷击以及一些社会性伤害事件如踩踏、抢劫、盗窃等对人的身心造成的伤害，加强防范意识和能力，并且在教育过程中提高学生的自救和互救能力，培养学生坚强的意志力和承受挫折的能力，帮助学生树立正确的人生观和价值观，使学生通过自己的不断努力，推动社会的进步与发展。

（三）职业生涯教育

大学生职业生涯教育是高校生存教育的重要组成部分。所谓大学生职业生涯教育，就是帮助大学生进行深度的自我探索、职业定位，提升职业决策能力和职业素质，从而使他们能够科学地规划自己的学习、生活和未来的职业选择，最终达到人与职业的最优结合和个人的全面发展。应该说，职业生涯教育从人的全面发展角度出发，通过课程和多种课外实践活动的形式，让大学生树立正确的职业观和劳动观，培养他们对职业生涯的规划意识，使其掌握相应的知识和技能，为未来进入社会奠定基础。职业生涯教育旨在从人的全面发展的角度出发，引导个体树立正确的劳动观和职业观，培养他们规划职业生涯的意识与技能，形成自我调节和自我引导的能力，目标是让每个学生都过上适合自己的美满生活。

我国的职业生涯教育萌芽于陶行知先生的“生活教育”思想以及黄炎培先生的“生计教育”，虽然起步较早，但因为当时国内复杂的社会政治环境，发展非常缓慢，也并没有实质性的进展。职业生涯教育真正引起教育者的重视是在20世纪90年代，我们引进和借鉴西方发达国家先进教育经验的基础，逐步在高校中推进职业生涯教育。世界各国的职业生涯教育发展日趋成熟且各有特色。比如美国在1989年就颁布了《国家职业发展指导方针》，规定职业生涯教育要从6岁开始，并对从基础教育阶段的幼儿园、小学、中学到大学都有明确的职业生涯教育内容规定。日本则通过国家立法的方式，保证了职业生涯课程在中小学必修课程中的学科地位，并且日本节部科学省还制定了适用于整个日本的职业生涯教育的完整框架。应该说，在职业生涯教育方法上，西方国家和日本远远地走在了我们的前面。学者在对青少年群体的大量观察以及大学中进行的抽样调查，以及在对青少年群体的长期观察与研究中发现，对职业的陌生感、对职业生涯的困惑感，在我国当下年轻人中非常普遍，给他们的职业发展和人生成长带来了很大的困扰。比如在高中阶段填报志愿时，许多学生不但对大学的专业学什么、将来能做什么一无所知，就连对自己的兴趣与适合的东西也表现得不够了解。实际上，在大学阶段，许多学生由于选择了不感兴趣的专业而懈怠甚至荒废学业。还有一些年轻人，读了很多年的书，一直在换专业，总也找不到自己喜欢的，甚至有些人参加工作后，还在为寻找自己的兴趣或适合自己的东西而继续摸索、不断跳槽。

从 2008 年教育部明确要求高等学校要“组织实施本校的大学生职业发展与就业指导课程建设和教学活动，积极促进高校毕业生就业”之后，全国各大高校都开设了大学生职业生涯教育课程。与此同时，职业生涯规划交流范围不断扩大，2007 年和 2008 年分别召开了一次“中国职业生涯规划国际论坛暨 GCDF 全球峰会”；2010 年 10 月，“职业生涯规划体系的多元化发展模式与技术实践”国际论坛在北京举行。但当前高校在开设职业生涯生计课程时仍然存在一些问题：第一，教育层次不高。大多数高校的大学生职业生涯规划都设置于招生就业处，主要针对大学毕业生进行就业宣传以及就业准备的指导，其目的主要在于帮助学生实现就业，使其掌握转变为职业人的知识与技能。但是这种了结式的就业目标指导，在整个职业生涯教育中处于较低层次。职业生涯的最高目标在于培养大学生自主择业的意识、理念及能力，以谋求其长远的职业发展。而这种低层次的职业教育目标在实现过程中往往会流于形式，并不能保证大学生未来能够拥有良好的职业理念和职业水平。第二，高校职业教育的形式比较单一，以课程讲授为主。以四川省某地方高校为例，大学生职业生涯规划课程只有 16 个学时，且教学形式以讲授为主，内容集中于就业政策解读、面试的技能技巧、就业信息发布等，缺乏心理咨询和职业训练，对职业的决策和实践能力的培养也相对较少。第三，高校专业人员不足。当前高校负责就业指导教师为两大群体，第一类群体是从事毕业生就业管理的工作人员，还有一类是兼职的高校辅导员。这两类群体的教师都是兼职人员，在繁重的本职工作之余，没有太多的时间和精力为学生主动开拓就业市场，开展个性化服务。再加上我国高校毕业生从 2001 年的 114 万人激增到 2016 年的 745 万人，人数大幅度上升，社会没能给他们提供充足的就业岗位，大学生就业难的问题引起了全社会的关注。在这样的背景下，高校进行职业生涯教育有了时代的紧迫性。

在高校开展职业生涯教育要加强大学生的专业知识和技能培训，培养职业情感和态度。高等教育大众化后，高校教育质量问题备受争议，且当前的教学模式集中于专业课程的理论学习，缺乏企业所需要的知识结构和专业能力，这些问题都是影响大学生就业的不利因素。《2011 年中国大学生就业报告》蓝皮书调查显示，2010 届毕业生中无论是本科毕业生还是高职高专毕业生，其毕业时的基本工作能力水平（本科 53%，高职高专 50%）均低于工作岗位要求的水平。因此，要设计综合化的职业生涯教育模式，通过课内讲授和课外实践活动等形式，让学生系统地学习教育学、心理学、管理学等职业生涯相关知识，并发展职业能力，建立职业生涯规划的意识，掌握职业生涯规划的方法和技巧，在国家政府支持、社会企业参与、高校主导三位一体协同联动下，引导他们主动思考人生目标、筹划生命方案、追求幸福人生。

职业生涯教育是一个连续不断的教育过程，它需要各阶段教育的相互配合，也需要各主体的互相支撑，进而使得大学生结合自身条件和现实就业环境，对社会的就业形式有清楚的了解，并在此基础上将个人的人生理想和社会的现实需求有机地统一起来，进行准确的职业定位，实现成功就业。

（四）环境保护教育

生存环境教育是生命教育在每个学段的教育任务。生命教育在达成人的身心和谐、人与社会和谐的同时，也强调达成人与自然的和谐统一。因为人类生存环境的变化对人的生命质量高低影响重大。20 世纪，地球环境遭受了巨大的破坏，一是两次世界大战给环境带来了巨大伤害；二是世界各国发展经济以破坏环境为代价，环境与生态问题日益凸显。生态危机已经成了世界各国面临的重大课题。从 1972 年起，联合国人类环境会议在瑞典斯德哥尔摩举行，会议的目的是促使人们和各国政府注意人类活动正在破坏自然环境，并给人类的生存和发展造成了严重的威胁。这是世界各国政府共同讨论当代环境问题，探讨保护全球环境战略的第一次国际会议。会议通过了《联合国人类环境会议宣言》（简称《人类环境宣言》），呼吁各国政府和人民为维护和改善人类环境、造福全体人民、造福后代而共同努力。此后，1992 年 6 月在巴西的里约热内卢召开的联合国环境与发展大会上，通过了《21 世纪议程》。该行动计划涉及与地球持续发展有关的所有领域。而后的世界环保大会、巴黎世界气候大会等国际环保会议，表现出世界各国治理环境和保护环境的决心。

随着环境保护运动的开展，20 世纪 60 年代发达国家开始倡导“环境教育”，亦称“生态复兴运动”。1975 年联合国教科文组织和环境规划署国际环境教育规划司在塞尔维亚共和国的首都贝尔格莱德召开了环境教育会议。1997 年国际环境教育大会在第比利斯召开，68 个国家的与会者在会议上争相发言，使得“环境教育”趋于成熟和完善。近年来，环境教育更是为世人所关注，成为世界各国关注的焦点问题之一。美国的联邦教育局设立了“环境教育科”，进行 STS 教育和环境教育；英国制定了以 8 ~ 18 岁学生为对象的《环境教育计划》；俄罗斯新近公布的中小学教学计划，则把“生态学”和“生命活动安全基础”列为单独开设的课程；日本在 1992 年颁布新教学大纲时，就曾要求提高对环境教育重要性的认识，进一步充实各学科的教学内容，还编印了环境教育指导资料。除了发达国家，如印度、菲律宾、泰国等发展中国家，都制订了对青少年进行环境教育的计划，向青少年介绍有关污染、资源、居民等方面的环保知识，有的国家还开设了环境教育课。

中国的环境教育萌芽于 20 世纪 70 年代。1973 年，中国召开了第一次全国环境保护会议并颁布了《关于保护和改善环境的若干规定》，号召要努力开展有关环境保护的研究、宣传和教育工作，要求有关高等院校开设环境保护的专业和课程。这标志着中国环境保护和环境教育的起步，也奠定了中国环境教育概念的基本结构。1983 年召开的第二次环境保护会议将环境保护确定为一项基本国策，并要求在中小学融汇贯彻环境教育的内容。为了推进环境教育的深入开展，教育部在2003年颁布了两个文件——《中小学环境教育专题教育大纲》和《中小学环境教育实施指南（试行）》，要求在中小学正式实施环境教育。但是当前的环境教育仍然存在一些问题，如理论体系尚未形成，环境教育的实践效果有待加强等，因此，在作为基础教育补充的大学教育中，环境教育的内容同样也是生存教育的重要内容。高校主要从环境观教育、环境理论知识教育、环境治理技术教育、环境史教育以及一些专项问题的角度开展环境教育。对于非环境专业的学生，高校可以根据环境教育的内容和目标，采用课堂讲授、讲座、公益宣传、观察体验、科学研究等多种方式进行，让大学生在了解中外环境历史的基础上，了解环境教育的理论知识和治理技术，进而培养大学生对人与自然双向关系的认知，确立正确的环境观念。

21世纪是一个创新的时代，充满着竞争和挑战。它对大学生的知识、能力、生存能力提出了更高的要求，也对高校人才培养的目标提出了更高的要求。高校不仅要培养学有所长的未来建设者，同时也要让学生学会生存，使其拥有善待生命、健康生活的社会智能。正如杜威所说，每个人都拥有生存发展的能力，而教育的作用正是为人类提高生存发展的能力，为实现发展（继续生长）的愿望提供方法，并促使愿望的实现。人类若要生存，就需要接受教育、不断学习。教育为人类学会如何生存提供了可能。

三、生命境遇教育

人生境遇即人的命运，每个人的生命都会有不同的境遇，有快乐，也有苦闷。快乐时，内心光明，充满无限惊喜，热爱生活，善待身边的人和事；苦闷时，内心充满愤恨与不平、报复等种种恶念，眼前世界一片黑暗。这些都是人在面临不同境遇时候的正常反应，但是，人毕竟具有主观能动性，对环境有正确的认知，对情绪能进行自我调节。然而，在激情状态下，大学生却可能做出伤害自己或他人生命的行为。

进入21世纪后，升学、就业、感情等问题给大学生带来的压力越来越大，极少数大学生因此而走上了轻生的道路。此外，大学生杀人的案件也偶有发生，大学生犯罪率有所上升。这是因为这些大学生陷入了人生的不同困境，在某种激情的状态下，选择了极端的解决问题的方法。

马克思从人与环境的双向互动的角度阐释了人的命运的决定因素：第一，客观环境决定了每个人的人生必然会遭遇困境。尽管人的实践活动具有主动性和目的性，但人的主观能动性是有一定限度的，在无法顺利解决的时候，必然会陷入人生的逆境。第二，命运的偶然性。与必然会遭遇的困境不同，人生充满了未知和不确定。比如，凡尔纳偶撞大仲马，而后与之合作创作剧本《折断的麦秆》，最后成了科学幻想小说之父；刘备慧眼识卧龙，三顾茅庐，求贤若渴，方有“说三分，道天下”的千古佳话。这些是人生的机遇。又如，一个人在行走中，飞来横祸，这就是遭遇。人生正是因为有无数的偶然才更加精彩。第三，个人主观能动性。人们依靠主观能动性努力，能够对事情形成正确的认知。虽然我们相信“人定胜天”，但如前所述，人的能动性毕竟是有限的，因此，当逆境无法改变的时候，我们应把自己的主观能动性放在调整心态、找到解决问题的正确方法上。大学生在学习和生活中会遭遇不同的境遇，因此加强大学生挫折教育、情爱教育、心理健康教育、死亡教育以及应对突发事件的教育都是大学生生命教育的重要内容。

（一）挫折教育

挫折感是一种心理现象。对于“挫折”一词，《现代汉语词典》中的解释有二，一是“压制，阻碍，使削弱或停顿”，二是“失败，失利”。而作为一个心理学概念，挫折是意志行动中最常出现的心理现象，是指个体的意志行为受到无法克服的干扰或障碍，预定目标不能实现时所产生的一种紧张感或情绪反应，也就是俗话所说的“碰钉子”。挫折包含三层含义：挫折情境、挫折认知和挫折行为。挫折情境指产生挫折的原因，也就是使预定目标无法实现的客观因素或主观因素，因此，它可以是人也可以是物，也可能是各种自然环境和社会环境。挫折认知是人们对于挫折情境的知觉、认识和评价。而挫折行为是人们在遭遇挫折后，伴随着挫折认知所表现出来的反应，它包括情绪性反应、理智性反应和个性变化。情绪性反应是个体在遭遇挫折后出现的强烈的心理体验或特定的行为反应，如攻击、冷漠、退化、固执、幻想、逃避、自我等。而理智性反应是个体在遭遇挫折后采取的积极进取的态度，用于克服困难、排除阻碍，毫不动摇地朝着预定目标前进。个性变化是个体在遭遇重大挫折后产生持续的紧张状态而形成的较为固定的个性特点。挫折教育是一种有目的、有计划、有组织的教育行为，它不同于学生在日常生活中遭受的挫折打击，并不是教人如何回避困难，而是主张以一种积极的心态去面对挫折，并在战胜挫折中成长。

大学生大多处于 18 ~ 23 岁，人生经历较单一，在成长过程中除了学业挫折，几乎鲜少遇到其他困境。在犹如小型社会的大学中，他们遭遇的挫折很多都是人生中的第一次，包括学习挫折、生活挫折、工作挫折、就业挫折等。由于经验缺乏，心理承受能力较弱，出现了极少数大学生行为倒退甚至是伤害生命的情况。这些情况的发生，再一次给高校管理者敲响了警钟。事实上，大学生挫折教育是世界教育关注的一个焦点，各个国家都在积极加强大学生挫折教育。在美国，为了培养大孩子的自立精神，孩子刚满 18 岁，父母便要求他们尽量经济独立，进行挫折教育和生活教育。英国很早就将挫折教育纳入大学正式的教育教学计划。英国一所顶级的女子学校开设“失败周”教育学生。校方在这周设计一套数学测试题，难度超过大多数中学生的能力极限。校方负责人表示，该校绝大多数学生都很优秀，校方担心因为自身完美而产生的优越感会让她们今后经不起挫折或裹足不前。学校表示，希望通过这种挫折教育法让这些“完美小姐”从小认识到“完美是求知的敌人”。2013 年年初，英国另一所顶级女子学校——伦敦温布尔登中学推出了“失败周”活动，邀请了很多成功人士出席。活动中，这些特邀嘉宾和学生分享了自己人生当中的失败经历，告诉她们“偶尔失败完全可以接受”，关键是如何正确面对失败。德国重视大学生的动手能力,通过动手操练应对面临的挫折问题,并专门制定相关法律法规。在中小学开设死亡课，让孩子模拟应对父母死亡的情境，将社会的阴暗面如种族歧视、违法犯法等课题加入课堂，其宗旨是引导学生思考和解释各种社会现象。日本早在10多年前就已经把“野外文化教育”和挫折教育列入大学和中学教育内容。在日本，父母非常重视对孩子进行自立与忍耐的教育，因为日本人信奉这样的理念：只有让孩子经受一定的以忍耐为内容的身心训练，而不是满足他们的各种要求，才能培养孩子独立克服困难的能力，养成坚韧和顽强的品质。在全球化发展、国际社会竞争日益剧烈的今天，大学生作为未来社会的中坚力量，将会迎接前所未有的挑战，因此，增强大学生承受挫折的能力，不仅是高校生命教育的重要内容，还为人才强国提供了智力支持，关系国家未来发展的前途和命运。

我国政府部门也意识到了大学生挫折教育的重要性。2004年，中共中央、国务院在《关于进一步加强和改进大学生思想政治教育的意见》中明确指出：“要根据大学生的身心发展特点和教育规律，注重培养大学生良好的心理品质和自尊、自爱、自律、自强的优良品格，增强大学生克服困难、经受考验、承受挫折的能力。”此外，国内学界将大学生挫折教育作为研究的焦点，对其内容、实施主体、途径等问题进行了讨论，并积极在各大高校开展挫折教育。纵观我国高校挫折教育多年的实践历程，收获颇丰，但也存在一定的问题。第一，大学生挫折教育的理论和实践缺乏系统的设计。我国的大学生挫折教育属于思想政治教育的组成部分，在国内刚刚起步，学者对此缺乏系统、深入的研究，因此在实践中缺乏科学理论的指导，挫折教育的内容、大学挫折教育如何与中小学挫折教育衔接、实施途径、效果评价等各个环节缺乏统一的标准。高校挫折教育实践环节主要由辅导员实施，再加上高校学工系统、教学系统各自为政，教育主体不够明确，因此没有形成教育合力，效果大打折扣。第二，高校挫折教育的内容和形式仍然沿袭传统，缺乏创新。当前高校挫折教育并未在充分调研后进行针对性设计，往往是在思想政治类课程中进行理论讲授，缺乏社会实践操作，缺乏日常挫折教育训练，学生没有体验感，因此，很难达到教育的预期目标。此外，在挫折教育中，主体不明确，特别是没有发挥大学生的主体作用，这是当前高校挫折教育中普遍存在的问题。挫折教育不是专业课程，不需要从头到尾由教师讲授。换言之，大学生并不完全是挫折教育的受教育者，同时也应该是教育的主体。因为融入了他们自身经历、体验和感悟的挫折教育才能够引起大学生的共鸣，才能够产生教育的实效。所以说，高校挫折教育在实践中忽视了“以教师为主导，以学生为主体”的基本原则。

在坚持以教师为主导、大学生为主体的基本原则下，倡导学校各个部门相互配合，形成教育合力。高校挫折教育的内容大致有以下几个方面：第一，引导大学生对挫折进行正确的认知和归因。一方面，引导学生认识挫折的两面性。正如巴尔扎克所说：苦难，对于天才是一块垫脚石，对于能干的人是一笔财富，对于弱者是一个万丈深渊。因此，人生中的挫折和磨难并不都是坏事，它可以促使我们去为环境的改变而奋斗，也能够磨炼我们的意志和品格，增强智慧和创造能力；同时，我们在遭遇挫折后也要进行经验教育总结，尽量避免不必要的挫折。运用心理学所提倡的“意义换框法”，让大学生转变对挫折的认知。此外，归因也很重要，将引起挫折的原因归结为外部原因还是内部原因，将直接影响大学生的行为选择。在归因中，教育者应该有意识地引导学生，只要能使挫折情境得到改善和消失，挫折感也会消失。归结为外部因素，就要坦然面对，或者是调节自身的抱负水平，提出适合个体能力水平的且具有挑战性的标准；归结为内部因素，就应该总结经验教训，找出问题症结所在，发现自己的弱点，力争改正，发扬优点，振作精神，鼓起战胜困难的勇气，树立信心，提高承受挫折的能力。第二，适当地进行磨难教育。孟子曾经说过：“故天将降大任于斯人也，必先苦其心志，劳其筋骨，饿其体肤，空乏其身，行拂乱其所为，所以动心忍性，曾益其所不能。”磨难教育能增加大学生的挫折容忍力，而且实践也证明了这一点。纵观中外历史，事业大成者，无不经历了巨大的艰难困苦。在高校进行磨难教育可以通过社会实践活动或是体育锻炼来实施。创设大学生能够接受的磨难环境，适当地控制难度，在教育中提供保护，针对学生个体创设有针对性的磨难教育，让学生在多次经历中学会进行挫折的自我调适和容忍。第三，帮助学生建立心理防御机制，提供情绪宣泄的安全机制。高校应联合校内心理健康教育部门，培养学生良好的心理素质，建立大学生挫折教育的心理防御机制，还要教会学生宣泄情绪的途径和方法。大学生在遭遇挫折后会出现强度不同的情绪反应，如焦虑、冷漠、压抑、自卑等，并且有可能会出现一些攻击性行为。因此，在教育中，我们要对学生面对挫折的积极情绪给予赞赏，同时也应该宽容学生的消极情绪，引导他们进行适当宣泄，否则消极情绪郁积后爆发的后果往往不堪设想，极端情况下甚至有发生恶性事件的可能。必要的心理疏导和情绪宣泄是高校挫折教育的重要内容。第四，加大对高危人群的挫折教育。在高校，所谓的高危人群是新生、毕业生和贫困生。新生刚刚进入大学，大学中的校园文化、人际关系和高中完全不同，以学习为唯一目的的环境改变后，大学生的特长、情商、人际交往能力成了他们能够在校园里独领风骚的重要资本，而很多学业优异者进入大学后优势不再，自尊心和自信心都会受到一定的打击，容易出现心理问题。毕业生在当前严峻的就业环境中，面对各类公招考试或应聘失败，备受打击，也容易产生心理问题。贫困生由于经济条件较差，较大的经济压力和精神压力使得他们思想包袱很大，也容易产生心理问题。因此，高校挫折教育应该重点抓好高危人群的教育。

（二）情爱教育

亲情、友情、爱情是人生的三种情感，在个体成长的道路上，这三种情感伴随着人们走向成熟。而大学生正处于人生情感最为丰富的阶段，如何正确地处理亲情、友情与爱情，以感恩的心对待身边的亲人、朋友和爱人，努力回报社会，这是大学生生命教育的又一重要课题。

亲情是人世间最无私、最朴素、最真挚的情感，是一切情感的基础，也是个体成长中最为坚强的后盾。中国传统文化自古重视亲情。《礼记》中说："何谓人义？父慈，子孝，兄良，弟悌，夫义，妇听，长惠，幼顺，君仁，臣忠，十者，谓之人义。"从人义的外延来看，有八项涉及亲情。但是，随着时代的发展，家庭观念和亲情观念的变化以及人类通信方式的变化，当代大学生亲情缺失现象非常普遍。2013 年 4 月中下旬，人民网强国社区调查专栏《态度》联合国内专业调查机构，在全国范围内针对 15 ~ 34 岁的青年开展了一项主题为"青年价值观"的调查，内容涉及亲情观、婚恋观和职业观，调查结果于同年 5 月初在人民网发布。调查进行的同时，《态度》在北京、武汉、贵阳、兰州、南京、上海、天津、重庆和湘潭等 9 个城市的 10 所高校征集了 10 余名校园志愿者，随机抽取 145 名在校学生，就相关话题进行采访，结果发现大学生普遍希望婚后不与父母同住，但求保持"一碗汤的距离"。此外，部分在校大学生表现出了亲情缺失的现象：知识和能力越来越强，但对父母的亲情越来越淡，相当一部分学生与家长保持联系的方式为打电话，且大多为一星期一次，内容主要围绕生活费等话题。很多学生表示除此之外，与父母基本上无话可说。更有甚者，一味向父母索取，而给予家庭的照顾却很少，在与同学的攀比中嫌弃父母"没权""没钱"，导致他们与父母的交流越来越少。诸如此类的现象不仅让家长感到寒心，也让高校教育者意识到了亲情教育的重要性，因为一个只有专业知识和技术，对身边的人都做不到爱和责任，没有感恩之心的人其实是很难获得成功的。哈佛大学研究成果也表明，让一个人获得成功的因素中，智商只占 20%，而情商则占 80%，真正决定一个人是否成功的关键是情商而不是智商。当然亲情缺乏现象的产生既有家庭和学习的原因，又有社会的原因。但是，针对这个现状，高校开展亲情教育应该摒弃原来仅在思想道德修养与法律基础课程中大而无当的教育内容，寻求亲情教育内容和方式的突破。一方面寻求家庭、社会的通力合作，积极营造良好的亲情教育环境，让家长重视亲情的示范作用；另一方面形成一个良好的社会育人大环境，健全和完善亲情教育体制。除此之外，高校可以利用得天独厚的教育优势，以课程为载体，思想政治理论课程教师通过课堂教学，培养大学生正确的亲情观。还可以通过主题班会，利用各种节假日开展亲情活动，使大学生进一步体会父母的无私与伟大，体验父母对自己的情感，懂得家庭的温暖与爱，从而能更爱自己的父母和亲人。

情爱教育中除了亲情教育，作为社会人，我们还必须与社会的其他成员进行交流和沟通。马克思在讨论人的本质时就曾经说过："人的本质并不是单个人所固有的抽象物，在其现实性上，它是一切社会生产关系的总和。"从心理学的角度来说，马斯洛就曾经说过人有"归属和爱"的需要，作为社会团体中的一分子，人们从婴儿时期就表现出了与他人交往的需要。心理学家沙赫特在 1959 年曾经做过一个实验：他以每小时 15 美元的酬金聘人到一间没有窗户但有空调的房间里去住。房内只有一张桌子、一把椅子、一张床和一盏灯。三餐由人从门底下的洞口递入。这就意味着，只要人一住进来，就与外界隔绝了。有 6 名大学生参加了实验。其中一个人只待了 20 分钟就出来了，3 个人待了 2 天，最后一个待了 8 天。这个实验结果显示了个体对孤立的容忍存在差异，也说明了人是很难忍受长时间与他人隔绝的。交往需要的满足可以使个性得到健康的发展，也可以使团体成员之间更加了解、相互信任，同时也有助于社会的稳定与安全。因此，大学生在沟通和交流中就产生了各种类型的友情。友情能充实大学生活，并且伴随他们的一生，正如亚里士多德所说的“挚友如异体同心”，朋友间互相激励，可成为彼此精神上的支柱。但是，部分大学生在交友过程中，由于受到家庭、学校和社会的不良影响，形成了不良的友情观和交友心理，比如忌妒、自卑、羞怯或是猜疑心理。这不仅阻碍了同学之间亲密友情的建立，同时也可能会产生不良的心理影响，产生人际交往障碍。人际交往能力是衡量大学生社会化程度的重要指标，而且现代社会的调查研究结果也显示，人际交往能力是成功的重要保障。因此，高校加强友情教育意义重大。第一，要教育大学生建立良好友情的原则，包括平等、信用、尊重、宽容等。只有建立在类似原则基础上的友情才能让人产生愉悦、满足的心境，友情才能和谐而又长久。第二，要教会大学生克服友情交往中存在的心理障碍、知觉障碍，比如心理学中所说的“第一印象”“刻板效应”“晕轮效应”，针对不同的交往对象，全面地观察和了解交往对象，为良好互动型的人际交往建立基础。第三，要教会大学生克服人际交往中的品质障碍。一方面要克服忌妒心理，去除个人中心主义，以宽容的心理悦纳朋友的成功，在竞争中保持良好的心态。另一方面要克服自卑心理。自卑是人际交往的大碍，针对心理自卑者一是要鼓励他们进行自我肯定，增加自信；二是要让他们积极地在自己身上发现优点，减弱或消除自卑感。第四，要教会大学生克服羞怯心理。教会大学生在全面客观的自我评价的基础上，学会观察和掌握生活和交往的技巧，从而使大学生在交往的时候得心应手。

当代大学生情爱教育中最受关注的是爱情教育。爱情是人生中最美好的感情之一，在大学时代遇到爱情，是人生的一大美事。从大学生恋爱的现状来看，大学生群体中有恋爱行为及倾向的人数比例非常高，没有恋爱打算的仅占 10%。2005 年《普通高等学校学生管理规定》的出台，解除了大学生在校结婚要做退学处理的规定，这从国家层面解除了对大学在校生婚恋的限制，也把大学生恋爱这一话题推向了前台，引发了社会公众、大学生、教育管理者的广泛关注。2015 年，在大学生婚恋解禁的十年后，重庆晨网记者从沙坪坝区、南岸区、北碚区、江北区、渝北区等高校较为集中区域的婚姻登记中心了解到，登记结婚的大学生在主城不超过 1000 对，且以女生为主。但同时，在校大学生恋爱现状令人担忧。江北区离婚登记处工作人员告诉记者，曾经还遇到过已结婚的在校大学生来离婚。“他们和其他离婚的夫妻不一样，协议内容不涉及财产分割、债权债务和子女抚养问题，离婚很简单，就像恋爱分手一样，只不过要履行正规手续。”大学生恋爱休闲化、实用化、放纵化和虚拟化现象严重，大学恋爱成了休闲方式，成为部分大学生弥补精神寂寞空虚的方式。由于青年人的猎奇心理以及生理成熟而导致的性冲动，大学生婚前性行为数量激增，因恋爱不当或性无知造成的悲剧事件偶有发生。这些严峻的问题对高校爱情教育造成了极大的挑战。现实要求高校教育管理者加强对大学生的爱情观教育。苏霍姆林斯基曾指出：“爱情，是一个永恒的课题。它摆在年青一代面前，我们需要借鉴人类文明史提供的全部正面经验来研究这个课题，以解答年轻人的最隐秘感情——爱情有关的问题。但是，很遗憾，年轻人亲密关系的问题常常得不到解答。不仅如此，某些教育者还根本不予理解。结果，培养人的最重要的神圣职责被束之高阁，任其自流……这是教育工作中存在的严重缺点。如果说，在其他领域里，自发的个人生活经验不能代替社会对人的思想和感情所进行的有意识、有目的的教育，那么在爱情领域里，就更不应指望经验。”因此，大学生的爱情观教育、大学生恋爱心理的调适是爱情教育的重要内容，此外，还需要加强对大学生的性教育，要让大学生明白爱情意味着奉献、义务和责任，并能以一种健康成熟的态度对待两性之间的关系和行为，减少悲剧事件的发生。

（三）应对突发事件的教育

著名的社会学家贝克说：“在现代化进程中，生产力的指数式增长，使危险和潜在威胁的释放达到了一个前所未有的程度。”随着经济的发展，文化的急剧变迁、外部环境的变化以及社会转型的阵痛和潜在的社会矛盾导致部分大学生思想混乱、信仰缺失，职业道德和社会公德水平下降，自由主义、拜金主义、个人主义等对高校的改革发展产生了重大的影响。历史证明，学校是社会稳定的晴雨表，高校稳定对社会稳定意义重大。近年来，高校突发事件频发，且表现出多样化的特点，如意外伤亡、暴力行为、学生食物中毒等。这些意外事件的发生不仅伤害了一些大学生的生命，也给社会带来了不良的影响。面对种类繁多的突发事件，提升大学生的应对能力和自救本领，成为高校教育工作者开展生命教育的重要内容。

关于高校突发事件的类型，按照不同的标准，国内学者划分的类型不尽相同，但总体来说，按照内容可以划分为自然灾害类事件、事故灾害类事件、公共卫生类事件、社会政治稳定类事件、人际关系因素类事件等，按照事件的性质可以分为政治类事件、治安安全类事件、学校管理类事件，按照人群可以划分为个体类事件和群体类事件，按照危害的结果可以划分为人身及精神损害类事件、财产损害类事件、秩序损害类事件及综合损害类事件，等等。大学生突发事件的偶发性大、影响面广、破坏力大、扩散性强、后果难料等特点进一步加剧了高校生命教育任务的紧迫性。

大学生突发事件的教育尽管成了学界研究的一个焦点，但是由于起步较晚，仍然存在很多问题，比如大学生突发事件的法律、法规和相关政策及预案缺乏，大学生对突发事件的管理意识较弱、缺乏应对的知识和能力，各校各部分的横向沟通不够通畅，积极应对突发事件但是忽视预防，等等。因此，在高校，必须建立一套系统的突发事件的预防和应对机制。

大学生突发事件预防机制是指在危机尚未爆发之前，为应对可能出现的问题进行的一系列管理工作机制。这一预防机制的建立需要各部门之间的通力合作。一方面是建立专门应对突发事件的管理机构。专门管理机构的建立是提高合作效率的重要途径。各高校根据自己的具体情况，可以设立实体管理结构，也可以设立虚拟机构。从当前高校编制紧缺的现实来看，设立虚拟管理机构是高校部门结构设置的最佳途径。所谓虚拟机构是以解决具体问题为目标，从行政、学工系统抽调骨干教师组成项目小组，并根据事件大小确定参与人数，具有极大的灵活性。另一方面，要建立大学生突发事件的预警机制。一是要培养师生的危机意识。危机意识是高校突发事件预警的起点，正如管理学中所说的“温水煮青蛙”，我们要时刻提防变化的环境对高校带来的冲击和伤害，更要从各种高校问题中发现突发事件出现的征兆，及早觉察，及时排除。二是要积极开展应对突发事件的教育和训练。2006年8月31日，教育部在清华大学举办高校突发事件应急演练，教育部副部长李卫红在开幕式上强调，高校要深入贯彻落实《国务院关于全面加强应急管理工作的意见》精神，加强突发公共事件应急演练工作，检验和完善高校应急预案，增强广大师生公共安全意识和防灾避险的能力，提高应急处置工作水平。高校可以通过安全知识讲座向师生介绍相关的知识和技能；此外，通过模拟演练，使各个机构在处理大学生突发事件时相互配合、相互协作。

预防机制的建立是高校防范突发事件的基础。有效处理、及时应对突发事件，建立相关的处置机制是关键。第一，建立有序的应对行动机制。高校突发事件往往形势紧迫，管理部门首先必须做出正确的决策，立刻启动事先准备的应急预案，以避免事件的进一步扩大化。其次要做好人、财、物的调度管理。在配合各部门行动时还需要做好大学生突发事件的监测工作，防止连环事件的爆发。高校管理者在处理的过程中还应该积极关注事情的进展工作，监测负面影响是否在减弱，特别是要监测大学生的心理变化，以便采取针对性的措施，防止大学生突发连环事件的发生，避免负面影响进一步扩大。第二，建立及时、准确的信息发布机制。突发事件往往影响极差，高校如果不能及时辟谣，平息媒体和大学生的过度反应，后果将更加严重。比如2008年汶川大地震后，5月15日凌晨，QQ上传出一条“四川达州蛤蟆大规模迁移，极有可能再次出现地震”的消息，而后这条消息在重庆大学城××大学各个班级群、学校群里传播。5分钟后，大学城各高校纷纷出现由少数人开始呼喊逃跑引发的全校逃命的景象。跑出寝室大楼的同学纷纷掏出手机转发消息，嘱咐亲友做好防范工作。谣言由大学城的一个学校传到另一个学校，再向全重庆发散式传播。在此突发事件爆发后，各学校校方主动联系重庆地震局，证实消息的虚假性后，各大学散布在外的学生才陆续回寝室。从这个案例中我们可以看出，在突发事件发生后，高校应该选择恰当的时间，通过多种途径向大学生和公众发布信息，这样才能够让大学生及时了解问题解决的程度，防止流言和恐慌的发生。此外，高校还应该建立突发事件的善后机制。突发事件解决以后，学校要及时总结经验教训，防止类似事件的再次发生。

四、生命道德教育

教育是人的生命的需要，是人的生命存在的支柱，生命离不开教育。叶澜等认为：“教育具有鲜明的生命性。在一定意义上说，教育是直面人的生命、通过人的生命、为了人的生命质量的提高而进行的社会活动。教育是以人为本的社会中最能体现生命关怀的一种事业。”在这个倡导一切以人为本的时代里，生命是教育的终极目标。教育是生命与生命之间的交流，教育只有关注生命，回归生命，才能够达到其应然的目标。然而在当前的教育工作中，也有少量漠视生命的现象。一些中小学校教育只以考试分数作为衡量标准，一些高校仅以就业率为标杆，这些学校将工具性价值凌驾于生命价值之上。长此以往，学生就可能会表现出生命虚无主义倾向，表现出困顿和焦虑以及冷漠与放弃，成了单向度的人。虽然从 20 世纪 90 年代以来，国内众多高校在引进、借鉴西方生命教育的基础上，结合本土的传统文化进行了生命教育的研究，但至今生命教育尚未形成成功的范式。在高校，大学生生命教育属于德育的重要组成部分，因此，我们不可能脱离道德教育、心理健康教育、思想政治教育去单独研究生命教育，而只有将德育的理念、内容、方法、价值等融入生命教育的内容。正如有学者所说："在德育中关注对学生进行整体人生的塑造，帮助青少年从小开始探索与认识生命的意义，了解生命的有限性，欣赏生命、珍爱生命、体验生命，树立远大的人生目标与理想，最终实现自我人生价值。"在高校进行生命道德教育是弥补当前德育教育不足的重要举措。

生命道德教育是德育的重要组成部分，有广义和狭义之分。狭义的生命道德教育是指关注个体的道德生命，包括自我和他人的生命，进而扩展到对社会和自然中存在的所有生命的关注，以达成道德和生命的有机结合。广义的生命道德教育是一种全人类的教育，不仅包含对生命的关注，还是一种对生命状态的关怀，表达对生命价值和尊严的重视，在体验和感悟生命的过程中，促进自然生命、社会生命和精神生命的健康发展，最终实现自我的人生价值。高校生命道德教育背负着对中学应试教育的纠偏和人文精神塑造的双重责任，具备一些不同于普通道德教育的特征。

第一，具有生命性。高校生命道德教育要遵循大学生生命的个体性和独特性，关注生命成长的经历与体验。生命性是高校生命道德教育的前提，也是在尊重"人"的基础上达成教育目标的基本手段。第二，开放性。生命是一个开放的过程，在进行高校生命德育的过程中，要综合考虑整体的影响。这些环境有自然环境、社会环境与规范环境等。自然环境是人类赖以生存发展的生物圈，对人的生理、心理等方面都会造成影响；社会环境是生命道德教育的重要环境，其中家庭环境、学校环境都会对学生的德、智、体、美产生潜移默化的影响；规范环境是人类在社会群体生活中所形成和持有的态度、风气、气质与观念。在这种开放的状态下要充分利用高校生命德育的各种资源，达成关爱生命的终极目标。第三，具有教育的促进性。高校生命道德教育理应具有促进大学生个体生命发展的功能，可以为大学生生命道德的形成和发展提供正面能量和重要支持。第四，具有现实性。高校生命道德教育绝对不是高、大、空的脱离生命实际的学理性知识的介绍，它要关注大学生当下的现实需要，关注围绕大学生生活的困顿和苦恼，将理想教育和现实需求紧密结合。道德教育引领生命的航线，但是理想必须通过现实来达成。对于大学生而言，围绕在他们周围的学业、人际、友情、爱情、就业等问题使他们倍感压力。因此，高校生命道德教育不可能抛弃现实而一味追求理想，关注现实、解决大学生的具体问题，本身也是为了坚定和巩固大学生的生命道德理想。

应该说高校生命道德教育作为高校德育的重要组成部分，对传统德育模式是一种补充。因为，高校传统的德育模式往往忽视了个体的生命，仅仅执着于道德教育理论知识的落实，特别是功利主义的思想，造成了大学生的迷失，因为功利主义“天然地排斥批判性、创造性思维，排斥与之密切相关的无私的好奇心、知识上的冒险意识和反独断的探险精神”。在此影响下，大学生的生命价值异化、功利化的现象非常普遍。此外，尽管许多高校已经开始关注大学生的生命道德教育，但生命道德教育目标定位的缺失，实施过程中方式和手段的单一，内容脱离大学生的实际需要等种种原因，造成了生命道德教育在高校德育中边缘化的现状。因此，高校加强生命道德教育，使其成为学校德育的重要内容得以实施，进而使大学生树立良好的生命道德意识，唤醒和培养道德情感，指导道德行为，落实生命教育的宗旨，也提高了学校德育的实效性。本节结合大学生的认知水平和思想道德发展特点，主要从以下三个方面对高校生命道德教育进行介绍。

（一）价值观教育

价值观是个体对生活中的各种现象、问题进行判断的基本标准和尺度。大学生价值观教育就是根据青年大学生的认知水平和思想道德发展阶段所进行的价值观教育；具体而言就是根据一定的价值目标和依据，有计划、有组织、有意识地对大学生进行系统教育，激发大学生的主观能动性，使大学生形成正确价值观的活动。相较于中小学以提高价值观认知为主的教育，针对 18 ~ 23 岁的青年大学生的教育，以提高价值判断为主，因此，教育难度更大，针对性更强。

价值观教育绝非中国特色，世界各国历来都重视它。比如在 20 世纪 80 年代，美国前总统里根在国情咨文中强调，学校要培养以爱国、修养、诺言、恢复伦理道德、纪律等为主要内容的“国民精神”。围绕这一总目标，各大学纷纷制订各自的具体德育目标，爱国教育、法制教育、文明史教育、价值观教育以及心理教育成为学校德育的重要内容。此外，还以法律的形式规定各级各类学校必须开设美国历史课程，在高校以选修课程的方式，一并培养大学生的爱国精神。苏联解体后的俄罗斯面临社会转型的诸多问题，包括国内新的政治与经济形势、国际的压力与挑战、猖獗的分裂主义与恐怖主义活动、青少年的吸毒轻生与违法行为等，众多的问题带来了很大的社会矛盾。在 1999 年上任前夕撰写的《千年之交的俄罗斯》一文中，普京明确提出了建设“俄罗斯思想”的问题。因为“国家迫切需要进行富有成效的建设性工作，在一个四分五裂、一盘散沙似的社会里是不可能完成的。在一个基本阶层和主要政治力量信奉不同的价值观和具有不同思想倾向的社会里也是不可能完成的”。于是俄罗斯采用了多种方法和手段，从 2001 年起直至今天，俄罗斯相继三次颁布了“公民爱国主义教育国家规划”。其中最引人瞩目的是对体育爱国主义的推行。出于实现体育爱国主义教育的目的，体育运动作为爱国主义教育的重要手段被广泛运用。在俄罗斯两次卫国战争（19 世纪俄法战争和 20 世纪苏德战争）纪念日都要举行体育运动会；在青少年中以及爱国青年组织“走向胜利”“胜利后继者”等活动中，都会开展如“雏鹰”“义勇军”等军事游戏，举办国防体育和军事爱国主义夏令营，开展军事爱国主义俱乐部和协会工作。英国虽然没有统一的德育目标，但绅士教育有着悠久的传统。“德行、学问、智慧、礼仪”作为教育的目标，融合了德育的基本内容，比如培养学生的社会责任感和公民责任意识，学习本国的文化与历史，养成良好的品德，等等。除了欧美，亚洲儒家文化圈内的国家也非常重视道德和价值观教育。美国著名的日本研究专家本尼迪克特在她的名著《菊与刀》一书中提出，日本人的行为模式属于“耻感文化”，而西方文化背景的人属于“罪感文化”。前者的行为要靠外部的约束力来监督，人们的行为是根据别人的态度来决定的；后者则主要依靠内省和反思，靠内心中的信仰原则来自我约束。日本在1947年颁布的《基本教育法》和《学校教育法》中就曾明确规定教育的目标：“以培养完美的人格为目的，应当培养热爱真理与正义、尊重个人价值，注重劳动与责任，富有自主精神、身心健康的国民，使其成为和平社会与国家的建设者。”1989年修改的新《教学大纲》进一步“把尊重人的精神和对生命的敬畏之观念体现在家庭、学校和社会的具体生活之中”，把“提高学生的道德判断能力，丰富他们的道德心灵，培养道德实践能力”作为德育目标。此外，新加坡、泰国、马来西亚等国家也颁布了相关的道德教育目标，并制订了在教育中具体落实的计划。应该说，国外的价值观教育对我们当代大学生的价值观教育具有重要的借鉴价值。

2004年，中共中央颁布的16号文件《关于进一步加强和改进大学生思想政治教育的意见》明确提出，加强和改进大学生思想政治教育的主要任务，其中之一就是以理想信念教育为核心，深入进行树立正确的世界观、人生观和价值观教育。习近平总书记在北京大学考察时指出，社会主义核心价值观把涉及国家、社会、公民的价值要求融为一体，既体现了社会主义的本质要求，继承了中华优秀传统文化，也吸收了世界文明的有益成果，体现了时代精神。他强调，青年的价值取向决定了未来整个社会的价值取向，而青年又处在价值观形成和确立的时期，抓好这一时期的价值观养成十分重要。当前，大学生的价值观总体上是健康的、积极向上的，对社会主义道德规范大多数是认同的，但在多元思想冲击下也呈现出一些新的特点，突出表现为个人主义、拜金主义、享乐主义等在部分大学生群体中的滋生蔓延，功利性倾向有所增强。在此背景下，加强当代大学生社会主义核心价值观教育成为摆在我们面前的重要使命。作为大学生成长的摇篮，高校是帮助大学生树立正确理想信念、凝聚共同价值追求的重要场所，肩负着帮助他们“扣好人生第一粒扣子”的重要任务。因此，在高校生命道德教育中首先要进行的就是价值观教育。

高校价值观教育主要包括三个方面的内容。第一，大学生价值观评价标准的建立。价值观评价标准是对对象进行评价的基本尺度，也是一切价值评判的基本依据，因此，高校价值观教育首先要进行的就是教会学生选择评价的标准。不同的维度有不同的评价标准，在多元社会中，东西方文化的交流和碰撞使得价值观的评价标准的唯一性被打破，大学生的价值观标准也日益多元化。因此，作为高校生命道德教育工作者，首先要在坚持社会主义核心价值观的前提下，教会学生选择正确的评价标准。“教会选择”就是让学生在多元化的社会环境中，经过价值冲突，培养价值判断能力，把自己的价值经验内化为稳定的道德品质，是个体自我体验、自我选择的过程，也是一种积极主动的吸收、辨别、内化的过程。个体选择的过程，就是不断建构自己道德结构的过程。“价值选择是个体面对价值冲突时，基于道德判断所做出的选择。”建立客观的评价标准是正确进行价值评判的前提和基础，也是高校价值观教育的关键环节，因此，在教育过程中，教育者应该以社会热点问题或价值冲突问题为案例，让学生在评价的过程中正视自己所处的困境，形成正确的价值观，做出正确的价值取舍和行为选择。第二，大学生价值取向教育。价值取向是价值哲学的重要范畴，指的是一定主体基于自己的价值观在面对或处理各种矛盾、冲突、关系时所持的基本价值立场、价值态度以及所表现出来的基本价值取向。价值取向具有实践品格，它的突出作用是决定、支配主体的价值选择，因而对主体自身、主体间关系、其他主体均有重大的影响。应该说，价值取向是选择和追求人生价值的方向，它可以调整个体的人生价值目标，并实质性地影响价值实践的内容。一方面，不同的价值取向体现了不同的人生理念以及个体对人生的期待和设计，体现了个体对人生价值的态度和关注，并决定了个体会怎样去看待人生、对待矛盾与冲突。另一方面，价值取向的形成受多方面因素的综合影响。如前所述，教育是一个开放的系统，大学生的价值取向绝非思想政治课程教学或教材内容在他们头脑中的复现。当前暴露出的大学生价值取向中存在的趋向实用化、功利化的现状，其实是社会价值观在大学生身上的复现。因此，高校教育者应引导学生正确地进行价值判断，树立科学的价值观取向，是生命教育探索的重要内容。第三，大学生价值目标的选择。价值目标就是人们对某种客观事物（包括人、事、物）的意义、重要性、值得获得性或者实用性的总评价和总看法。价值目标是价值取向的升华，是所有个人追求的终极目标，它贯彻个体社会实践活动的始终，并指引着人生价值追求的方向、内容和选择。据相关调查，当代大学生价值目标受社会背景和多元文化的影响，表现出了注重功利和现实，注重实用、实惠和物质享受，注重感官和金钱享受的倾向。高校价值观教育在引导大学生进行价值目标的选择时，应充分尊重他们的主体价值，并通过多种途径和手段，摒弃消极、错误的人生价值观的影响，充分调动大学生的主动性和积极性，自觉地追求真善美，为实现人生的价值而努力。

（二）感恩教育

感恩，是一种心态、一种品质、一种艺术，也是中华民族的传统美德。许慎在《说文解字》中将感恩解读为“感，动人心也；恩，惠也”。从语言的角度解读，感恩是因恩而感，二者是前提和结果的关系。感恩教育，就是教育者运用一定的教育手段和方法，对受教育者有目的、有步骤地实施识恩、知恩、感恩和报恩的思想道德教育活动。它以人的感恩意识和感恩行为的养成为目标，培养个体的感恩情感，发展个体的感恩行为能力，形成个体对己、对人、对社会、对自然真诚回报的感恩态度和人格特征。对于大学生感恩教育来说，它是一种以情动情的情感教育，是一种以德报德的道德教育，更是一种以人性唤起人性的人性教育。从本质上来说，感恩教育是一种情感教育，它强调“以情动情”。在开放的环境中，任何人都不是孤立地存在于社会之中，必然要与他人发生联系。于是人与他人、与社会、与自然的交流中都存在情感，情感需求的满足正是在双向交往中实现的。大学生感恩教育就是要激发和强化大学生的情感体验。高校教育者要利用身边的一切有效资源，包括教育者的情感作为教学资料，与学生进行情感的沟通和渗透，让大学生从身边的人物、事件中体会他人、社会和自然给予自己的恩惠和方便，并衍生出幸福和愉悦的情感，产生回馈的认识、情怀和行为。此外，感恩教育本质上是一种道德教育，强调“以德报德”。在大学生感恩教育中，我们引导学生培养感恩意识，树立责任意识。因为在现实生活中，并不是完全有了“恩惠”我们才“感谢”，感恩绝非你来我往的交易，而是要让学生善于体验到别人对自己的帮助，进而能不求回报地付出。从这个层面上来说，感恩教育就是“以德报德”，要培养大学生对自己、对他人、对社会、对自然的责任意识，并内化为自己的行为习惯。“作为有天赋心灵和意识的人，我们的责任是鼓励对表现在一切方面的人类精神的优美的理解和欣赏，鼓励精神上对宇宙的敬畏和惊叹，因为宇宙产生了生命和意识，并可能继续进化到洞察力、理解、爱和同情心的更高的层次。”最后，感恩教育从本质上来说是一种人性教育。人性，是人与动物的本质区别。在感恩教育中以我们身边的人、事件乃至动物为案例，体现人性中的真善美和假丑恶，对于正在进行专业学习的大学生而言有极其重要的意义。一位纳粹集中营幸存的中学校长给所有老师提出了一个请求，强调人性对于人类的重要性。“我是一个集中营的生还者，我亲眼看到人类不应该见到的事情，那毒气室是由学有专精的工程师建造，儿童由学识渊博的医生毒死，幼儿被训练有素的护士杀害，妇女和婴儿被高中和大学生枪杀并焚烧，看到这些令我怀疑教育是为了什么？这些人都学了很多知识，很能干，但是杀人的时候居然这么狠，所以我们的教育失败在哪儿？”这位校长说：“请帮助我们的学生成为具有人性的人，因为你们的努力绝不能制造学识渊博的怪物，多才多艺的心理变态狂，成绩优良却杀人不眨眼的狂魔。读、写、算只有在使我们的孩子具有人性的时候才具有重要性。”一个人在成长的过程中，只有对人性有了足够的理解，他看人包括看自己的眼光才会变得既深刻又宽容，在这样的眼光下，一切隐私都可以还原成普遍的人性现象，一切个人经历都可以转化成心灵的财富。总之，在高校，感恩教育隶属于生命教育的范畴，也是高校思想政治教育的重要内容，它能有效帮助大学生正确地认识和处理自我身心发展，自我与社会、与自然的关系，增强对感恩教育的认同感，进而升华为道德情感和道德意志，并最终内化为道德行为，善待身边的一切人和事。

近年来，媒体报告的各类大学生事件引起了社会的广泛关注。“南京大学心酸父亲”的那一句“尽管你伤透了我的心，但你终究是我的儿子”是中国千万普通父母无奈又痛苦的缩影；2007 年 8 月，湖北襄阳五名贫困大学生受助资格被取消，原因是获资助一年多，没有主动给资助者打过一次电话，写过一封信，更没有一句感谢的话，他们的冷漠让资助者寒心，因而取消了对这五名对象的资助；“丛飞事件”中那个曾经受丛飞资助而后在大学工作的人，却打电话怒斥丛飞让他“没面子”，等等。媒体所掀起的一个个舆论旋涡将大学生这一群体推上了风口浪尖。人们感慨的是作为未来栋梁的今日大学生，却有一些人情感如此冷漠，自我中心膨胀，缺乏对父母对老师的感恩之情，缺乏对国家的感恩，若是任其发展，让更多大学生变成这样，那么我们的民族、我们的国家未来究竟会走向何方？一些大学生感恩意识缺乏的现状给我们的教育敲响了警钟，让所有的教育工作者和家长反思教育的目的究竟是什么。正如雅斯贝尔斯所说："教育，是人对人的主体间的灵肉交流活动，包括知识内容的传授、生命内涵的领悟、意志行为的规范，并通过文化传递的功能，将文化遗产教给青年一代，使他们自由地生成，并启动其自由天性。"在一些人过分追求分数、追求升学率、追求就业率的教育中，教育就偏离了它原有的轨道。加强生命教育，强化感恩教育，注重人格教育，是教育义不容辞的责任。

感恩教育是一个长期的过程，不可能一蹴而就，它需要家庭、社会和学校形成教育合力，立体、全方位地对学生进行教育引导。而大学教育，作为人生命成长的一个特定阶段，在感恩教育的培养中同样具有非常重要的作用。感恩教育要培养大学生识恩、知恩，教会大学生知恩图报，最后使大学生养成施恩不图报的优良品德。在此过程中，我们还要培养大学生对父母的感恩意识。中国传统文化提倡"百善孝为先"，父母给予了我们生命，含辛茹苦地抚养我们长大，孝敬父母、善待父母是我们热爱祖国、热爱人民的前提。然而，张翔在对 1413 名在校大学生的无记名问卷调查中发现，近 80% 的大学生与父母的联系方式是电话，其主要动机是要钱；有 22% 的人从未在节假日主动问候父母；有 56.7% 的人不知道父母生日；有近 20% 的人认为长大后不一定或不应该承担赡养父母的责任。此外，培养对师长的感恩意识，培养对他人、对祖国、对自然的感恩意识都是高校生命教育的重要内容。高校作为专业培养和健全人格的培养基地，在大学生感恩教育中必须发挥其优势，将感恩教育融入学科教学，积极营造优化感恩的校园环境，通过广播、展板、标语、网络等多种平台广泛宣传、树立典型，以教师和学生榜样为示范，加强情感引导和交流。此外，通过加强社会实践活动，比如服务社区、志愿者活动等，让大学生的感恩认知从感性层面上升到理性层面，并将其内化为个体的观念指导行为。

第二节　高校大学生诚信教育

一、大学生诚信教育的必要性

诚信是一切道德的基础和根本，是人之为人最重要的品德。大学生正处于人生观的形成和发展时期，加强大学生诚信教育，是塑造大学生健全人格，培养 21 世纪合格人才的需要。诚实守信是市场经济的内在要求，大学生是未来社会主义市场经济建设的主力军，加强大学生诚信教育也是社会主义市场经济建设的需要。当前，我国正处于经济转轨时期，由于某些原因，一些人诚信缺失现象比较严重，大学生中也经常出现一些不守诚信的现象。这种诚信的缺失不仅关系大学生自身的健康成长，更危及国家的富强和民族的振兴。因此，在大学生中深入开展诚信教育，强化诚信意识，是当前高校人才培养工作中一项重要而紧迫的任务。

二、大学生诚信缺失的原因

（一）社会大环境的影响

当今社会上的确出现了一些信用缺失的现象，失信惩罚机制不完善和社会信用评估体系不健全使失信者不能得到相应制裁，客观上助长了大学生淡漠诚信的心理。

（二）家庭在教育中的地位

现代家庭教育强调的多是只要学习好，其他一切都好。甚至有的家长怕孩子在外面“吃亏”，常常给孩子灌输消极的处世哲学；有的家长本身就存在不诚信的行为，比如职称考试作弊、虚报工作业绩、做生意缺乏诚信等，对孩子产生了消极的影响。

（三）部分学校的德育流于形式

许多大学德育流于形式，仅重视德育的政治导向功能和理论教化，忽视基础道德要求和行为养成，导致德育时效性不强，使本应受到重视的诚信教育流于形式。

更有甚者，有些院校在招生宣传等工作中不诚信；在就业方面，为追求就业率，对学生的推荐材料审核不严，对学生的造假行为放任不管，对用人单位质疑含糊其词，助长了学生不良风气的蔓延。

此外，传统的小学、中学应试教育的观念根深蒂固，而小学和中学阶段正是学生世界观、人生观初步形成的重要时期，这一时期德育教育的偏颇，是诚信缺失的主要原因。

（四）用人单位人才标准和招聘方式不科学

长期以来，国内对于人才的界定，“学历论”的色彩尤为浓厚，注重专业和业务能力，对学生品德素质的评价和要求往往比较笼统，考核的内容也不具体。这些错误的导向在一定程度上诱使部分学生走上不诚实之路。

三、提高大学生诚信教育的对策

（一）培养道德情感，锤炼诚信的道德意志

道德情感是个人对现实生活中道德关系和道德行为的爱憎、好恶、信任、同情、痛苦等内心体验和主观态度，它往往成为道德实践的直接动机。苏霍姆林斯基认为，没有情感，道德就会变成枯燥无味的空话，只能培养伪君子。因此，必须培养大学生对诚信的坚定情

感，将道德认识升华为高尚的道德情感，才有可能内化为人的道德品质。所谓道德意志，是个体在履行道德义务的过程中，通过自觉地确定目的、支配行动、克服困难等表现出来的能动的实践精神。它有三个重要特征：自觉性、自主性、自律性。诚实守信是一种品质，仅靠外在约束显然是不够的，还要加强内在意志品质的培养。道德意志坚定，才能克服诸多内外困难，自觉按照社会道德规范来抉择和调控自己的行为。

（二）以文化活动为载体，广泛开展诚信道德实践活动

高校有良好的育人环境、丰富的教育素材，学生诚信理念的建立和诚信行为的养成虽然有赖于社会大环境的好转和优化，但也离不开高校自身所特有的先导能动作用。学校要充分利用一切宣传理论工具，充分发挥其文明窗口的作用，如利用广播、宣传板、黑板报、壁报等，大力宣传诚信教育的社会意义，褒扬诚实守信的先进典型，广泛开展以“诚实守信”为主题的多种形式的诚信演讲、讲故事、征文比赛、辩论赛、无人报刊销售等实践活动，积极营造“以诚信为荣，以失信为耻”的良好风气，真正形成一种倡导和注重诚实守信的良好氛围。

（三）加强大学生网络诚信教育

高校德育应当充分利用网络手段，发挥网络在道德教育中的作用。通过网络来改变传统教育过于单一的教学模式，丰富德育课程的内容；通过开设诚信教育网站等形式，充分利用网络的信息传递优势，宣传诚信思想，营造诚信教育的良好氛围；同时，网络教育强调的是“双主体”，能充分发挥学生的主动性，较好地避免传统教育中学生常常因“客体”身份而带来的逆反心理，达到良好的教育效果。此外，网络手段又有利于预防和抵消网络对诚信道德教育的负面影响。

四、大学生人际关系的构成

大学生处于各种社会关系的复杂网络中，不同类型的人际关系促使他们采取不同的人际交往方式，而不同的人其心理承受、调节、适应能力的强弱也有一定的差异。因此，不同人际关系对大学生造成的影响不尽相同。

（一）同学关系

同学之间交往是大学生人际交往的主要形式。同学间没有过多的利益冲突，虽然可能会有或多或少的不愉快，但大学同学关系总体上是和睦的、友好的，并且有亲情化的趋势。

（二）室友关系

宿舍生活是大学生活不可缺少的组成部分。因为室友是每天接触机会最多、相处时间最长的人，所以，室友关系的好坏对大学生的心理影响相对较大。

（三）师生关系

老师与学生是大学校园里的两大基本群体，师生关系是大学生人际关系的必要内容。大学师生关系与中小学师生关系相比，交往、交流不够多，关系不够密切。

（四）网络人际关系

网络的普及催生了网络人际交往这一种特殊的、新生的人际交往方式，给大学生的生活方式、价值观念带来了前所未有的挑战和改变。

（五）个人与各种集体关系

大学生都不同程度地处于年级、班级、各种学生社团等大大小小的集体交往中，个人在集体交往中的参与程度、扮演角色等决定了个人与集体的交往关系。

五、大学生人际交往的原则

（一）平等互尊原则

平等，一是指政治平等，即人们在政治活动中享有同样的权利和地位，包括民主权利、参与社会管理权利、政治信仰权利等；二是指经济平等，主要指按劳分配、等价交换、个人财产不受侵犯；三是指法律平等，即法律规范应反映人与人之间的现实平等，法律一旦制定，对任何人都有同样的约束力；四是指人格平等，主要是尊重他人的自尊心和感情，不践踏他人的人身权利。当然，平等是相对的，不是绝对的。平等主要是指起点和机会均等。以学生为例，国家为每个人提供了有可能上大学的机会，至于谁上大学、上什么样的大学，则要看各人的努力和条件。

尊重包括自尊和尊重他人两个方面。自尊就是在各种场合都自重、自爱，保持自己的人格尊严；尊重他人就是重视他人的人格和价值，承认他人在交往中的平等地位。马克思说得好："你希望别人怎样对待自己，你就应该怎样对待别人。"在人际交往中，尊重是一个重要信息，能够引发人的信任、坦诚等诸多积极情感，缩短相互间的心理距离。一个不善于尊重他人的人，很难与他人进行良好的合作与共事，甚至办不成任何事情。

（二）诚实守信原则

要"言必行，行必果"，答应做到的事情不管有多难，也要千方百计、不遗余力地办到。如果经再三努力而没有实现，则应诚恳说明原因，不能有"凑合""应付"的思想。守信用者能交真朋友、好朋友，不守信用者只能交一时的朋友或终将被遗弃。坚持信用原则，要做到有约按时到、借物按时还、不胡乱猜疑、不轻易许诺、不信口开河。

（三）宽容团结原则

宽容团结是人际关系的重要准则。这是因为，在人民内部，奋斗目标相同，根本利益一致，有宽容的现实基础。宽容，简单地说，就是宽宏大量，忍耐性强。具体地说，就是要听得进话，包括好话、坏话、正面的话和反面的话；受得了气，要有委曲求全的度量，容得了人，包括超过自己的人、拥护自己的人和反对自己的人。宽容还要容得下别人的缺点，相信他能自己教育自己，自己改正错误。

（四）互助互利原则

交往双方的心理需要都能获得满足，其关系才会继续发展。因此，交往双方要本着互助互利原则。坚持互助互利原则，就要破除极端个人主义，与人为善、乐于帮助别人。同时，又要善于求助别人。别人帮助你克服了困难，他也会感到愉快，这也可以进一步促进双方的情感交流。

六、大学生人际交往能力的影响因素

人际交往中的能力和技巧对交往的过程有重要的影响，对于大学生而言，人际交往能力主要有以下几个方面的不足。

（一）知识经验不足

有的大学生缺乏交往的经验，尤其是成功交往的经验。他们想关心人却不知从何做起，想表现自己却不知道如何展现。知识经验的欠缺还表现在对交往对象的认知上，“世界是彩色的”，人有形形色色，与不同类型的人交往，其策略应是因人而异的，以任性化的模式与人交往无疑会受挫和失败。

（二）语言表达能力欠佳

语言是交往中重要的信息资源，是最重要的交际工具。好的语言表达，是指既知道在什么情况下说什么，又知道在什么情况下怎么说。俗话说：“良言一句三冬暖，话不投机半句多。”有的大学生语言表达能力差，词不达意、话不得体。本想赞美人，却怎么也开不了口或词不达意；本想表示友善，言辞却是冷冰冰的，这些势必会影响交往的顺利进行。

（三）交往监控能力缺乏

交往监控能力是指交往者为了保证交往达到预期的目标，而在交往过程中，将交往活动本身作为意识的对象，不断地对其进行积极主动的计划、检查、评价、反馈、控制和调节的能力。这种能力主要分为三个方面：一是对自己交往活动的事先计划和安排；二是对自己交往活动有意识的监察、评价和反省；三是对自己交往活动的调节、校正和自我控制。交往监控能力是人际交往能力的最高水平，一个成功的交往者必定具有较强的交往监控能力。有些大学生的人际交往障碍往往是由于没有注意培养自己有效的交往监控能力。

七、大学生人际交往的策略与方法

（一）正确认识自己

正确认识自己是交往的前提与良好的开端。要正确认识自己，就要做到客观公正地评价自我，做到既不清高，亦不妄自菲薄，又要充分发挥自己的长处。正确地与别人比较，正确地看待竞争，塑造自己的坚强个性，增强自身的人际吸引力。

（二）端正对人际交往的认识

人际交往是人类社会独有的社会现象和活动，是人类历史的必然组成部分，也是人们日常活动的必然内容，是群体构成的重要条件，是青年形成自我意识的重要途径。人们在生活中必须形成健康的人际关系，即双方进行可靠的相互沟通；向对方提出合情合理的要求；双方自觉地、积极地关注对方的自身完善和幸福；双方都能珍视对方的自由和独立的存在，而不是设法去控制对方。

（三）要宽以待人，不能苛求

世界上根本没有纯粹完美的事物，造物主在造物时就给每一样东西都留下了缺陷，不然今天的世界怎么会呈现这般的生动和丰富多彩？人人都有缺点，如果你想找一个完美的人做朋友，恐怕等到头发白了也不会找到。假设真的有这样的人，说不定人家还会因为你有不少缺点而不愿意与你做朋友呢。

如果我们能从另一个角度看人，说不定很多缺点恰恰正是优点。一个固执的人，你可以把他看成一个“信念坚定的人”；一个吝啬的人，你可以把他看成一个“节约的人”；一个城府深的人，你可以把他看成一个“能深谋远虑的人”；一个自大的人，你可以把他看成一个“自信心强的人”；一个喜欢发脾气的人，你可以把他看成一个“感情丰富的人”。

对朋友过于苛求，实际上等于还没真正理解“朋友”的含义。我们需要朋友，但不能完全依赖朋友。不能对朋友有过高的期望。如果一个人太依赖友情，那他从友情中得到的往往不是快乐，而是苦恼。如果把快乐寄托在别人身上，那是很危险的。不管这个人是你多么亲近的人，父母也好，情人也好，子女也好，朋友也好，寄托的结果往往是失望。倘若我们对别人没有太多的奢望，就会减少很多患得患失的烦恼。过于苛求，将适得其反，最后会导致“兄弟反目”的结果。

（四）克服社交恐惧症

常见的社交恐惧症主要表现为对人际交往特别敏感、害怕，极力回避与人接触。总是担心自己社交不成功，对一些集体活动避而远之。由于交往的范围越来越小，之后走进自我封闭的圈里。这类同学最重要的是增强自信心，克服交往心理障碍。充分认识到自己的不足并乐于承认既成的事实，不要过于注重社交和自身形象的完美，不要在生活的细枝末节上左顾右盼，要学会诚然处之的生活方式。

（五）学会交谈技巧

注意倾听是一项很重要的技巧。哲学家黑格尔说过，在有些场合，由于你说了好多话而没有注意倾听，你至少做了两件对你十分有害的事。第一，尤其在同行和比你强的人在场时，你暴露了你的浅薄与无知；第二，由于你的滔滔不绝，你失去了向别人尤其是向专家学习的机会。

第三节　高校大学生廉洁教育

古往今来，廉洁一直是社会所关注的热点问题。随着社会的发展，大学生廉洁教育也正如火如荼地进行着，了解大学生廉洁教育的内容、原则以及目的，理解大学生廉洁教育的意义，从而实现大学生成为“国民表率、社会栋梁”这一目标，将大学生培养为真正的、合格的社会主义接班人。

一、大学生廉洁教育的内容

（一）古代廉洁文化教育

中华历史可以用上下五千年、纵横八万里来形容，其中廉洁文化更是深深地植根于其中。在中国古代王朝的治理体系中，统治者非常重视和推崇廉洁建设。古代政治家一直遵循“清正廉明”“吏治清廉”这一行为准则；在儒家修身、治国、平天下的政治理念中，“廉洁”“廉平”“廉正”“廉直”“廉谨”也是其主要的道德准则。在现代政治和现代经济发展中，历代思想家和政治家所创造的反腐思想和倡导措施，都发挥了不可磨灭的作用；廉洁文化还是非常宝贵的历史文化遗产，即使对当今社会，仍然具有非凡的意义。对于廉洁文化教育，我们要打破传统思维的限制，从古至今、从国外到国内，只要是对我们有利的廉洁文化，我们都要积极地吸收，促使我国的廉洁制度体系更加系统、完整。在高校开展大学生廉洁教育活动，促使大学生深入地学习和了解中国古代的廉洁思想，增强其廉洁文化意识，在潜移默化中利用廉洁文化资源。

（二）社会主义核心价值体系教育

中国共产党不仅在廉洁文化建设方面，在思想文化建设方面也取得了跨越性的胜利，即社会主义核心价值体系。其中，马克思主义指导思想、中国特色社会主义共同理想、以爱国主义为核心的民族精神和以改革创新为核心的时代精神、社会主义荣辱观等都是它的主要组成部分。另外，通过《中共中央关于构建社会主义和谐社会若干重大问题的决定》，我们可以清晰地看出，在社会生活的方方面面，社会主义核心价值体系一直是我们坚守的阵地。对于这一体系的内涵以及现实意义，我们必须进行深刻的探讨与解析，力争将它内在的影响充分地发挥出来。在高校思想政治教育中，可以用社会主义办学的教育目标来解释这一体系，即在共产主义的崇高理想下，对当代大学生进行教育，使之努力成为合格的社会主义建设者和可靠的接班人。

（三）法制观教育

帮助大学生学习、理解社会主义民主和法制知识，自觉遵守国家法律法规，正确行使民主权利，维护社会主义法律秩序，这些都是社会主义法治观教育。具体来说，法制观是指人们自身对某一社会的法律制度和社会秩序的认识和基本看法，甚至涉及他们对民主、法律制度和纪律的理解。对人们进行社会主义民主和法制教育是社会主义法治观教育的主要内容。

在开展和推广廉洁文化时，组织学生学习政治理论、法律、法规、原则和政策等，有利于挖掘学生的廉洁意识，升华学生的精神境界，引导学生树立正确的世界观、人生观和价值观，帮助学生少走弯路。在开展大学生廉洁教育的实践过程中，社会主义核心价值体系始终是我们开展活动的核心，在此基础上，学习党和国家廉政、廉洁建设的方针政策，始终坚持推进民主教育、法制教育和纪律的开展。与此同时，我们必须注意廉洁教育的警示功能并将其作用充分地发挥出来，可以增设法庭旁听、参观廉政教育基地。另外，高校廉洁教育还应该涉及其他的内容，如关于公民的基本权利和义务、遵纪守法和权力问责等方面的内容。

教育内容不应该只局限于我国，还可以立足于国际视野。例如，向学生介绍《联合国反腐败公约》的内容，当然也可以借鉴其他国家，把其他国家有关廉洁方面的好的政策、法规和经验介绍给学生，同时将他们取得的好的成绩也展示给学生。为了帮助学生在工作之前了解廉洁教育的实效性和针对性，必须在学生毕业之前重点进行与公共权力相关的法律法规教育，并教会学生正确处理在进入社会后可能接触到的腐败。

（四）中国共产党反腐倡廉理论教育

历史和实践证明，中国共产党对于历史的经验教训是非常重视的。在中国共产党的发展轨迹中，无论是革命、建设还是改革实践，对于党风廉政、廉洁建设我们一直没有放松警惕，坚持从严治党，把反腐倡廉视为重要的部分。换而言之，中国共产党九十多年的奋斗史，也可以说是反腐倡廉的斗争史。在中国共产党的工作进程中，反腐倡廉工作发挥了举足轻重的作用，特别是近年来，中国共产党不断加强廉政、廉洁建设，进一步巩固党的执政地位。改革开放以来，经过中国共产党的不懈努力与探索，中国共产党在反腐败工作中积累了宝贵经验，形成了具有结构性、系统性的理论体系。在高校开展相关理论的课程，在廉政、廉洁建设的基本立场和正确观点上，让大学生了解相关内容，学会辩证地分析反腐问题。比如，结合党的周年纪念活动，高校开展廉政、廉洁社会调查，促使学生积极地参与反腐作品的创作，参观革命纪念场所和警示教育基地等。

二、大学生廉洁教育的载体

（一）课堂教学

我国高校廉洁教育的形式主要包括两种，即主题教育活动、社会实践活动，当然还包括其他活动。但没有完善的教学体系可以较为深入地进行课堂教育。在教学实践过程中，课堂教学具有独特的优势地位，例如，有规模效应、统一要求、系统清晰等优势，它反映了社会对目标的强烈意愿和方法论上鲜明的科学特征。如果想要加强大学生廉洁教育，我们必须提高对课堂教学的重视程度,充分发挥其优势,特别是思想政治理论课的主渠道作用。

一方面，培养学生廉洁品质时，必须将该类课堂作为有效的植入点，紧密结合当前高等教育的相关内容，帮助学生树立正确的思想观，并通过对大学生进行廉洁教育，以实现培养合格的社会主义事业建设者和接班人这一目标。对于廉洁目标的实现与教学内容的完善，实现有机的结合，在设置教学计划时，必须将廉洁教育纳入考虑范围，与此同时，教师和上课时间应该得到充分保障，不能敷衍了事，充分发挥课堂的载体作用。对于享乐主义、盲目攀比、官僚主义等错误观念，引导学生正确地看待并且学会辨别，使诚信意识深深地印在学生的骨血之中，进而培养学生的廉洁意识。

另一方面，在大学生职业生涯规划教育的实践过程中，高校应该设法开展廉洁教育，帮助学生树立正确的职业观，引导学生正确认真地看待职业价值，培养学生的廉洁意识，并将廉洁教育渗透于职业知识、职业技能培训之中，使廉洁教育在潜移默化中影响学生。根据学生所学专业的不同，对学生的职业理想、职业道德和职业纪律进行针对性的教育，帮助学生在未进入社会时就意识到自己将来所从事的职业的社会价值，深刻感受到自己所担负的责任。在此基础上，还要针对学生未来将会从事的职业提出具体的要求，如新闻专业“不写假新闻”，会计专业“不做假账”。在开展廉洁教育时，必须与学生的生活相结合，融入真实的社会情景，只有这样，学生才能真切地体会到廉洁教育的重要性，明确学习目的，进而促进廉洁教育顺利开展。

（二）廉洁教育机制

在廉洁教育工作的各个环节中，对其进行实效性评估是非常重要的。在亚里士多德看来，良好的理解并不是由理解产生的，而是行动产生的结果。从客观角度出发，开展大学生廉洁教育并不是短期之内就能完成的，这项工程需要长期而系统的支持。为了将廉洁教育的工作效果发挥到最佳，高校必须立足于社会实践，结合学生生活的实际状况，将廉洁教育融入学生所接触的社会生活的方方面面。例如社区、学校、家庭和校园文化之中，使之能够相互融合，互相弥补不足，促使教育形式多元化，教育途径多样化，升级教育的资源配置，努力营造“四位一体”的整体协同效应。所以，必须针对大学生的专业，充分发挥廉洁教育的主力军作用，家庭教育从旁辅助，家校共进、共同调动一切可利用的积极因素。与此同时，高校也要构建和发展廉洁教育机制体系，并且提高在思想政治教育理论体系中的重视程度，在基础教学课程中设置相关的廉洁教育课程，确定教学的步骤，体现出教学的顺序性和结构性。必须将各个区域的积极影响和优势地位充分发挥出来，建设具有结构性和网络性的高校廉洁教育体系。

（三）校园文化建设

从文化的特点来说，文化对人有深远持久和潜移默化的影响。积极的校园文化推动学校建设的发展，消极的校园文化则会阻碍学校建设的发展，一个学校的进步与否主要看它的校园文化。从这个角度来说，必须把廉洁文化与校园文化实现有机的统一，在学生的成长之路上，以积极健康的廉洁文化为指导，避免学生走弯路。把学生培养成合格的社会主义事业接班人，这是大学教学的目的所在。

第一，在考虑提高学生的综合素质和全面发展时，可以丰富校园的活动形式，激发学生的兴趣，促使学生踊跃参与。在将廉洁教育融入校园文化建设的过程中，可以发挥校园文化和网络的影响，培养学生的廉政意识，升华学生的精神境界。也可以举办各种学生活动，如学术比赛、科技创新、文化艺术演出、反腐倡廉为主题的演讲征文比赛、廉洁文化作品创作等，在校园间营造一种良好的社会风尚的氛围，在潜移默化中影响学生。与此同时，更要注意好两个时间段，即入学和毕业。利用不同的活动形式和校园文化，在不知不觉中培养和发展学生的廉洁意识。

第二，校园文化的实际情况是开展廉洁文化的前提，在开展廉洁教育的过程中，必须帮助学生学会自我管理，并在其中锻炼和体会与廉洁相关的内容，以此为基础，引导学生走向廉洁的生活。在大学生廉洁教育这项工程中，文化的作用不容小觑，必须不断地进行探索与试验，使教育内容更加丰富多彩，将廉洁观念融入学生的骨血，在大学中构建起廉洁的保护伞。

第三，需要加强师资道德建设，营造良好的教育氛围。教师是“人类灵魂的工程师”，教师不仅教书育人，还有言传身教的作用，学生会在不自觉间模仿教师的行为，在正常的教学活动中，教师的思想政治素质和职业道德水平具有至关重要的作用，对于工作的效率和学生的健康成长意义重大。教师只有真学、真信、真懂、真用，才能促进学生的全面发展。在高校的教学实践过程中，任课教师所要做的不仅仅是传道授业解惑，也要做廉洁教育的传承者。因此，教师要不断提高自己的道德和专业水平，为学生树立榜样。

（四）互联网教育平台

随着时代的发展，网络信息技术已经成为人们现实生活中必不可少的一部分。加强大学生廉洁教育，要充分发挥现代信息技术的优势，将廉洁教育的思想植入大学生的头脑中去。紧紧抓住、利用信息网络这个技术平台，对于大学生来说，是更加具有探索性和创新性的，与学生的生活是更加贴近的，它有利于学生积极主动地接受廉洁教育，开阔学生的视野，促使教育结果更加喜人。例如，他们可以在校园网站上开设一个关于“反腐倡廉”的专门网站，还有“廉洁文化进校园”的专项栏目等。与此同时，引入一些相关的故事与事例，通过学生的精心制作，上传到网上与同学共同分享。引导学生在使用网络时，自动带入廉洁品质，提高学生的辨别能力，自觉地抵制与清正廉洁相悖的内容。

（五）社会实践

在高校的教学实践中，我们一定要明确廉洁教育与教学实践的关系，充分发挥社会实践这一重要媒介的影响力，将廉洁教育与教学实践密切联系起来。在社会实践中践行廉洁理念，积极、有效地发挥社会实践的作用，有利于挖掘大学生的自身才华和能力，使其了解社会、了解国情、增强社会使命感。开展社会实践活动，要不断深入地组织学生开展社会实践，引导大学生结合具体实际，深入地了解社会，为社会服务贡献自己的力量。

三、大学生廉洁教育的原则与目标

（一）大学生廉洁教育的原则

对大学生进行廉洁教育，可以促使其在大学期间就开始逐步形成健康的、积极的道德观和正确的、积极向上的价值取向，能够为他们将来步入社会、参与社会打下良好的基础。需要注意的是，对大学生进行廉洁教育也需要遵循一定的原则：以人为本原则、正面教育原则、心理调适原则和潜移默化原则。

1. 以人为本原则

以人为本原则，就是在对大学生进行廉洁教育时，坚持大学生在廉洁教育中的主体地位，并且立足于大学生的生理与心理特点，依据大学生的实际需求，对大学生进行理想信念教育、廉政理论教育、社会主义核心价值观教育、法律修养教育和思想道德教育，在整个教育实践过程中，将提倡富强、民主、文明、和谐，提倡自由、平等、公正、法治，提倡爱国、敬业、诚信、友善的社会主义核心价值观作为整个教学过程的生命主线，在大学生廉洁教育中，这些是主要的指导思想与教学内容。值得注意的是，在教育的实践过程中，廉洁教育绝对不能一成不变，必须结合时代的发展，与实际情况相结合，解决新形势下大学生廉洁教育所面临的挑战与问题，必须按照规律办事。廉洁教育要符合大学生年龄发展、心理发展的特点，所拥有的知识水平以及这一时间段内的接受能力。简而言之，就是必须根据大学生思想道德形成和发展的客观规律来开展相关活动。对廉洁教育的内容绝对不能照搬照抄、生搬硬套，廉洁教育的内容要经过精挑细选，绝对不能随便套用。例如，在选择廉洁教育内容时，不能套用针对国家公务人员的内容，如果过多选用这一内容，就会导致学生过多地看到社会的阴暗面，反腐败的心理受到打击。在教育方法上，必须立足于实际情况，因势利导、循序渐进，绝对避免形式主义，要具体问题具体分析，因材施教，促进学生的全面发展。有针对性地开展教育活动，注重把握知、情、信、意、行的内在联系，增强教育活动的吸引力和感染力，将大学生的廉洁教育落到实处，并且发挥出最佳的效果。

2. 正面教育原则

正面教育原则，就是坚持、贯彻实施科学的理论方针，以崇高的精神、正确的舆论、优秀的作品引导、塑造和鼓舞人向积极的方向发展。如何建立正面教育原则，主要包含三方面的内容：第一，深入开展社会主义法律法规教育。提高学生明辨是非，辨别是非美丑的能力，通过正面教育活动的开展，帮助学生与教师认识到这方面的现状，认识到中国共产党在党风廉政建设和反腐斗争中，取得了哪些重大的成果与进步。在精神方面，鼓励学生进行反腐斗争。第二，必须在学生的头脑中形成正确的理论，向学生介绍马克思主义中国化的优秀理论成果，并且以此来武装学生的头脑，帮助学生学会运用马克思主义的科学的理论与方法来面对生活，处理生活中的问题。时刻谨记崇高的共产主义理想与中国特色社会主义理想。第三，积极推进正面典型示范教育，搜寻各个时期的先进典型人物，将他们的廉洁自律、高尚为民的品质，进行大力宣传，在潜移默化中影响大学生思想，在一定程度上引导大学生向积极的方面发展，为大学生树立一个精神目标。

3. 心理调适原则

心理调适原则主要是指打开学生的心门，使学生能够敞开心怀，将自己的真实想法表达出来。简而言之，就是不管受教育者在精神上还是心灵上，都要密切地保持着联系和沟通。目前，大学生的心理状态仍然处于发展阶段，他们的世界观、人生观和价值观尚未完全成熟。有时候，不可避免地对事物的看法会出现极端的状态，无法接受社会的黑暗面，没有强大的心理承受能力。在我国社会转型阶段，出现了一些腐败现象，给大学生带来了巨大的心理影响，甚至造成了严重的心理障碍，进而导致对相关问题的误解。所以，我们必须结合实际情况，积极应对这些大学生廉洁教育所面临的挑战，必须认真梳理和深入分析大学生思想的背景、根源和可能后果，帮助大学生正确地辨别是非，将大学生错误的思想引向正轨。除此之外，我们还应实行积极有效的方法，尽量减小腐败现象对学生的消极作用，帮助学生正确地看待问题，引导学生科学地分析与判断我国反腐运动的总体形势，以及制定相应的政策与法律法规等，并且告诉学生，我们已经取得了突破性进步。一方面，必须帮助大学生挖掘腐败发生的深层次的原因，使学生能够知道反腐斗争的长期性、艰巨性和复杂性，对于腐败问题避免大学生出现认识浅显的现象；另一方面，不论做任何事，只要看到希望就会有前进的动力，所以必须让大学生看到党和国家打击腐败的坚定信念和决心，帮助学生加强反腐倡廉的信念，对党和国家的未来增强信心。

4. 潜移默化原则

潜移默化原则，就是指要用“润物细无声”的渗透方式将廉洁教育的相关知识真正地植入大学生的内心深处，并使大学生认同廉洁的教育，而且自觉地将其进行内化与外化。简而言之，就是坚持潜移默化的渗透式教育，培养学生的廉洁意识，并贯彻到生活中。在实施大学生廉洁教育时，我们必须要注意几点问题。第一，在进行廉洁教育时，不能将其与其他学科的内容分裂开来，必须将廉洁教育贯彻到其他的学科中，并在相关的教育实践活动和社会实践活动中展现出来，也就是说要延伸到学生的“第二课堂”。第二，在开展廉洁教育时，必须结合大学生思想政治教育。因为，在大学生思想政治教育中，大学生廉洁教育占据着重要的地位，不应有如一些学者所言“应该放弃原有廉洁教育，再重新探索新廉洁教育”或一些学者搞“曲高和寡”体系等现象，这些现象都是不科学的，具有一定的片面性，我们应该将两者相结合，找到其中的切入点将大学生廉洁教育与思想政治教育的其他内容进行连接并且实现高度统一，其中思想政治教育的内容主要涉及以下几点：①公民道德教育。②荣辱观教育。③传统美德教育。④法律教育。⑤世界观、人生观、价值观教育。⑥大学生爱国主义教育。⑦集体主义教育。第三，合理地利用大学生的有利机会进行招生、实习、考试、国防、找工作、毕业等，使开展的教育活动展现出针对性和计划性，在潜移默化中将廉洁教育渗入学生的思想深处，并且与学生生活的方方面面进行有机的结合，使学生自觉地将其内化为自己的行为准则。在高校建设中，要对校风、教风、学风的建设加以重视，营造良好的校园氛围。在推动校园廉政文化建设时，必须以社会主义核心价值体系作为指导思想，帮助学生抵御各种腐败现象和颓废文化的侵蚀和影响，大力加强高校校园廉洁文化建设，抵制社会上各种腐败现象、腐朽文化对高校的侵蚀和影响，力争消灭校园腐败现象滋生和蔓延的污染源，打造一个“以廉为荣，以贪为耻”的廉洁校园文化环境和价值追求。

（二）大学生廉洁教育的目标

明确大学生廉洁教育目标是开展大学生廉洁教育的首要任务，大学生廉洁教育的目标决定了高校开展廉洁教育工作的发展方向，约束着廉洁教育工作的全过程。随着改革开放的进一步发展，经济体制、社会的发展都发生了相应的改变。因此，大学生廉洁教育的目标也做相应调整，即从政治理论向基础文明、基础道德方向转变，创造良好的全面发展氛围和条件，使教育落实到人的素质的全面发展上。

1.廉洁教育目标确立的依据

大学生廉洁教育目标的确立，主要依据党的教育方针和国家的教育目标、依据社会发展规律、依据思想政治教育的基本规律、依据教育对象的身心发展规律及特点。以下将对这些依据进行详细说明。

党的教育方针和国家的教育目标。在探索社会主义教育目标时，主要的理论依据来源于马克思关于人的全面发展学说。立足于理论基础的角度，党的教育方针和我国社会主义初级阶段的教育目标，才是设置大学生廉洁教育目标的根本来源。不论是社会的发展还是个人的发展，都需要辩证统一的教育目标。在我国社会主义初级阶段，我们探索与确定大学生廉洁教育目标的基础理论主要是由社会发展和个人发展的需要决定的。在社会主义教育目标的根本要求中，力求让受教育者全面健康地成长，使之成为一个合格的社会主义接班人。所以，党的教育方针和我国社会主义初级阶段的教育目标，才是我国社会主义初级阶段的大学生廉洁教育目标参照的最佳范本，并根据相关内容进行设计与规划。换言之，在设计、规划和确定大学生廉洁教育目标的过程中，不能仅仅是按照社会主义初级阶段的社会发展需要，或者是单独满足受教育者的廉洁品质的发展需要，而是要将二者有机结合，再根据二者的辩证统一关系来制订教育目标。

社会发展规律。随着时代的发展，科技的进步，人们的生活已经发生了翻天覆地的变化。世界已经完全进入知识经济时代。人们的视线焦点已经发生了改变，人们开始追求创新、节能、环保、可持续发展、全球经济一体化等相关内容。在这种大环境的影响下，社会道德规范和价值观也将会发生相应的转变。在这样的生活环境的作用下，社会的发展规律在设置大学生廉洁教育目标中占据了主要的位置。在如今这个时代，我国仍然处于社会主义初级阶段。在大学生的廉洁教育实践过程中，必须立足于培养人的品德要求与标准，培养符合社会发展所需的人才，将中国特色社会主义和现代化特征的品德完全地发挥出来。简言之，高校思想政治教育必须精准地找到自己的任务重心，主要就是培养能够适应以经济建设为中心，解放和发展生产力，最终为实现共产主义而奋斗的优秀人才。

思想政治教育的基本规律。思想政治教育的基本规律包括思想道德形成发展的规律和服从、服务于社会发展的规律。具体来说，思想政治教育的基本规律是普遍存在于一切思想政治教育中的，与思想政治教育保持着内在性、长期性与必然性的联系。在思想政治教育中，大学生廉洁教育举足轻重，所以，其目标必须符合思想政治教育的基本规律和具体规律。我们要正确看待大学生廉洁教育，将其视为一个动态的发展过程，大学生廉洁教育在这个动态的发展过程中具有相应的独特个性，即能动性、系统性和相对独立性。显而易见，大学生的廉洁教育并不是一个孤立的实体，它的发展必须符合社会的政治、经济、文化等各方面的发展需求，在此过程中，还应与外部社会环境交换物质、能量和信息。所以，我们在确定大学生廉洁教育目标这一过程中，要同时遵循两大规律，即大学生思想道德形成和发展的规律、服从社会发展的规律。具体来说，必须依据当前的社会环境和学生的发展机遇来确定廉洁教育的具体目标，只有在这种状况下制订的目标，才会符合思想政治教育规律的基本要求。另外，虽然由于社会的迅速发展，对人才的需求在不断扩大，但是招收人才的门槛也在逐渐提高，特别是对于大学生来说形势更加严峻。近年来，由于高校的不断扩招，毕业的人数在不断地飙升。

从当前的客观情况出发，由于一些国有企业规模缩小甚至倒闭，造成员工失业，再加上农村剩余劳动力涌入城市，这表明我国的经济正处于结构调整和优化资源配置的发展阶段。随着近年来大学生就业的形势越来越严峻，大学生的思想观念发生了巨大的改变。在市场经济中体现的一些价值观念，如竞争观念、效率观念、自主意识、平等原则等，已经深深地影响了学生的相关想法。例如，高中生和大学生在选择学校时或者选择职业时，都会受这些因素的影响。高中生在报考时，更加愿意选择具有实用价值的专业，如法律、国际经济与贸易等专业。在大学生就业时，他们更加愿意选择能够发挥其才能并实现自身价值的相关单位。这种现象体现了大学生强化自我意识和突出自我中心的特征。这些因素直接导致学生不管在择校还是在择业方面，都趋向于功利化、商品化、务实化；与此同时，推动了高校招生腐败和就业腐败的进一步发展。所以，在开展大学生廉洁教育时，应该努力使大学生根据新的教育环境的变化和新特点建立崇高的理想信念，培养大学生的廉洁意识，使正确、廉洁的职业道德观融入大学生的内心深处。

廉洁教育对象身心发展规律及特点。基于目前的社会和时代背景，信息化社会得到了迅猛发展，以人为本的观念也越来越深入人心，得到重视。人的全面、独立、自由的发展也成了普遍追求的目标。因此，大学生群体的身心发展也出现了新的特点。在确定大学生的廉洁教育目标时，首先要根据教育对象的需要，即依据大学生身心发展的规律及特点，特别是廉洁价值观形成与发展的规律及年龄特点。其次，在大时代背景的影响下，随着社会总体特点的改变，大学生群体的身心发展特点也发生了极大的改变。当然，大学生的廉洁价值观也展现出了新的需求。在大学期间，大学生的成长过程大致包括三个阶段：适应大学生活阶段、渴求全面发展阶段和准备就业阶段。在高校确定教育目标时，必须按照实际情况来确定，根据大学生廉洁教育及学生成长规律，分阶段、分步骤地为学生制订相应的廉洁教育目标，力争发挥其最佳效果，以适应学生的发展规律。只有量体裁衣、因地制宜、明确不同年级学生的发展规律，按照不同的特点来设置廉洁教育的目标，才能促进学生精神文化的发展，促进学生的全面发展，实现自我价值的追求，在此基础上，激励学生向着廉洁价值方面积极地发展。

2. 廉洁目标确立的原则

在开展大学生廉洁教育工作的过程中，需要确立廉洁教育目标原则，以保证教育工作的顺利进行。廉洁目标确立的原则包括主体性原则、层次性原则和可持续发展原则。

第一，主体性原则。在开展廉洁教育的过程中，始终坚持以学生为本，提高对学生需要的重视程度。在大学生的廉洁教育中，根本任务就是对人的自觉性进行启发与强化，充分调动学生学习的积极性，激发学生的创造力。必须始终明确在大学生廉洁教育中，占主体地位的是人，研究的对象也是人。假如在确定廉洁教育目标时，只考虑教育或者国家的目的，而不顾学生到底有没有需要，完全无法得到学生的认可，在这种情况下，学生就不会将廉洁的内容内化成自己的东西，最终导致廉洁教育的目标无法实现。

第二，层次性原则。在确定大学生廉洁教育的目标时，必须按照大学生个人的思想、道德、心理等方面的实际状况设定不同层次的具体标准，在选择设定的要素时，必须符合大学生的认知与实践，最好是与这些内容保持着连贯性、递进性与层次性。开展大学生廉洁教育工作，坚持层次性原则具有重要的意义，在不同的学校、不同的年级以及不同的社会群体中，所要追求的廉洁目标展现出了极大的不同，这就需要根据实际情况来制订相应的目标标准。

大学生的自我意识越发强烈，越来越追求独立。随着就业压力的增加，大学生对自己的要求也在不断提高，他们希望自己拥有多方面的技能，不仅注重在学校学习知识，还注重培养自身的各种素质能力，尽自己最大的能力考取各种证明自己能力的证书，如计算机、外语、会计等证书。所以，在确定将要毕业的学生的廉洁教育目标时，就不能与初入学的学生相同，此时应该提高就业指导和职业道德教育的重视程度，帮助学生培养良好的廉洁意识，帮助学生树立正确的职业廉洁的道德观，帮助学生合理利用就业指导中的德育方法，完善自我的发展与实现探索外部环境的发展需要。我们必须明确地了解，这个过程并不是一蹴而就的，必须经过我们脚踏实地的努力，才会达到最终的目的。

第三，坚持层次性的原则，有利于帮助学生按照自身的发展需要，主动地接受廉洁教育，甚至可以进行自我廉洁教育；有助于与当代的发展需要相结合，探索出当代人才培养的新标准，促进所培养的人才能够全面发展；有利于培养的人才符合身心的发展规律；有利于与学生的实际状况相结合，使廉洁教育的开展更加顺利通畅。

3. 可持续发展原则

可持续发展原则。在确立大学生的廉洁教育目标时，必须坚持与时俱进，走在时代的前头，不断地发现新问题，不断地解决新问题。在此基础上，随着理论和实践的不断深入，灵活地进行调整与充实。换言之，就是在确定大学生的廉洁教育的目标时，必须以人作为根本出发点与落脚点，并将人的自由和全面发展作为最终的目的。在开展廉洁教育时，必须坚持可持续发展原则，一方面，帮助学生学习廉洁、腐败、反腐败等方面的内容。另一方面，还要使学生具备自我教育的能力，自我管理、自我完善。在此基础上，学习其他的相关学科，如哲学、管理学、心理学、人类学等，从它们的交叉中，找出精华所在，并且积极地吸收，不断充实自己的观念、思想与方法体系，使其保持强大的生命力。

4. 廉洁教育的具体目标

基于教育部《关于在大中小学全面开展廉洁教育的意见》中的总体目标，大学生廉洁教育的具体目标应包括不断提高大学生的思想道德素质、切实增强大学生的廉洁自律意识、有针对性地强化大学生的廉洁行为三个方面的内容。

提高大学生的思想道德素质。在每个人的成长过程中，思想道德素质具有重要的意义，它推动着人的发展并且保证人的前进，它是一种相对稳定的价值取向、道德修养、行为习惯和思想观念，并且逐渐形成于人们的工作、学习和生活中。在开展大学生的廉洁教育的实践过程中，一定要体现系统性，引导学生正确地看待世界，帮助学生选择正确的人生轨迹，利用社会主义核心价值观来武装自己，树立中国特色社会主义共同理想，主动自觉地将自己融入集体中，为中华民族的伟大复兴贡献自己的力量。必须让学生对社会道德、职业道德、家庭美德和个人素质的相关内容进行透彻的学习。引导学生树立“崇尚廉洁”的道德价值观，积极向上的高尚道德情操，勤劳节俭的传统美德，培养自我的良好发展。把学生培养成一个有道德、有理想、有文化、有纪律的四有青年。帮助学生养成良好的行为习惯，可以正确理解和处理个人与他人、与集体、与社会的关系，形成团结、互助、平等的人际关系氛围。

增强大学生的廉洁自律意识。廉洁自律是大学生廉洁修身的基本要求；同时，也是提高大学生抵御腐败、提高心理素质的前沿阵地。其主要内容展现了中华民族的传统美德，如勤俭廉洁、修己慎独、见利思义、克己奉公。这是人与人、与他人和团体打交道的道德修养和行为规范。通过形成人的意识规律，有助于提高大学生的廉洁和自律能力，主要有三种途径。

第一，培养廉洁情感。人的廉洁行动必须基于对廉洁的正确认识，同时伴有廉洁情感的保驾护航。为了确保廉洁行为的稳定性，必须确保廉洁认知具有牢固性和发展性，这些东西的维系都需要廉洁情感来发挥作用。根据人的身心发展规律，学生时代为最佳的发展时期，因为在这一时期，学生的情感是非常不稳定的。通过认知廉洁的情感教育，帮助学生利用辩证法来看待和处理廉洁的问题，正确地看待廉洁的问题，自觉承担起公民的义务。

第二，增强廉洁认知的能力。按照《关于在大中小学全面开展廉洁教育的意见》的相关内容，在开展廉洁教育时，必须让学生体会到从古至今、从国外到国内的那些优秀的廉政思想、反腐败理论以及相关的实践内容。帮助学生从感性层面出发，先了解相关的内容，再正确地看待反腐斗争史，引导学生用联系的、发展的和全面的观点来正确看待问题，增加学生反腐败斗争的信心。

第三，树立廉洁价值观。一方面，它是具有价值目标的，主要体现为价值取向和价值追求；另一方面，它体现为价值尺度和标准，成为人们判断事物是否具有价值和价值的评价标准。简而言之，就是一个人对他周围客观事物的意义、重要性的总结性评价和总结性的意见。价值观具有稳定性，由于受家庭与信息化环境的影响，学校已经不再是干净透明的理想状态下的保护伞了，校园之中甚至产生了“唯金钱论”和“唯权力论”等错误的思想观念。更有甚者，一些学生努力学习的最终目的是获得奖学金，而这样的学生一旦进入社会，面对巨大的诱惑，很容易激起他们的内心冲突，走上一条弯路。但是假如他们能够树立正确廉洁的价值观，向那些道德高尚的人学习，努力保持行为与内心的一致性，主动自觉地对腐败行为进行抵制，那么就会可以在一定程度上避免他们走向犯罪的道路。

有针对性地强化大学生的廉洁行为。廉洁行为主要体现在工作态度和工作作风上，在执行公务时主要表现为不得贪污和接受贿赂。学生的身份是大学生廉洁行为的根本立足点。对于不同阶段的学生具有不同的要求，对于低年级的学生来说，主要涉及不在考试中出现作弊、代考、学术研究抄袭，不出现贿赂选举等现象；对于高年级的即将步入社会的学生来说，廉洁行为进一步扩展为不能将权力用于自身的利益之中、不能假公济私、弄虚作假等。总而言之，就是在日常生活和学习中始终坚守正确的原则，所展现的是廉洁、正直，没有贿赂、铺张浪费、伪造等错误的行为方式。为了扩大我们的反腐败斗争的队伍，我们必须培养大学生的廉洁意识，提高大学生的思想道德素质，树立廉洁自律的精神，只有这样才能将学生内心的廉洁意识外化为廉洁行动，帮助学生有意识地形成廉洁行为标准，真正地做到知行统一，最终言行一致。

四、大学生廉洁教育的意义

（一）大学生廉洁教育是传承廉政、廉洁文化的重要方式

笼统地说，文化是一种社会现象、一种社会意识，是人类长期创造形成的产物。同时也是一种历史现象，是社会历史的沉淀物。文化有先进和落后之分，对人的影响是和风细雨、潜移默化的，其影响一旦被人所接受，就是根本性、长期性的意识了。因此，文化在大学生成长、成才过程中的作用越来越突出。廉政文化是文化的一部分，是文化大概念的一个分支，它是以廉洁从政为理念和目标，以廉洁思想、廉政纪律、廉政理论等为表现形式的一种文化，是关于廉政规范、观念及其行为方式的总和。廉政文化，不仅仅体现在廉洁理念的树立上，也体现在廉洁从政行为的规范上，其核心内容就是宣扬正气、弘扬社会正能量，鼓励与褒奖勤政廉政、有特殊贡献的人物，抵制与抨击各种不廉洁的思想行为和价值观。它的主要作用就是借助丰富的廉政文化建设实践，打造一个具有尊廉崇洁的价值观和风尚氛围的社会。对于整个社会来说，其导向性较强，影响力较大。

社会的文明程度可以通过廉政规范体现出来，人的素质高低，可以通过廉政知识体现出来，在人们的良好的廉政修养和生活方式方面，廉政信仰起到了巨大的推动作用，随之产生巨大的精神和物质力量。在这里我们主要将廉政文化的内涵分为三个层面：第一，制度层面，其中主要涉及在廉政从政时，应该遵循的规章制度、行为习惯等。第二，精神层面，主要涉及廉政的价值取向、思想素质、生活观念、文化素质等，以及廉政的认知程度。第三，物质层面，主要涉及的是廉政文化景观、廉政主题公园以及廉洁教育场所等等。社会主义廉政文化的宗旨是培育立党为公、执政为民的理想信念，以提高党的执政能力为目的，以培养正确的地位观、权力观、利益观和世界观、人生观、价值观为核心，倡导廉洁奉公、弘扬清风正气等主要内容。与廉政文化相对应，社会主义廉政文化的内涵也包括三个层面：第一，主要是打造政府的廉政文化，营造一种权为民所用、情为民所系、利为民所谋的政府廉洁的环境，这是廉政文化的主体。第二，打造社会廉政文化，在社会中营造一种“以廉为荣、以贪为耻”的环境，这是打造廉政文化的社会前提。第三，组建公职廉政文化，打造一种遵纪守法、办事公道、克己奉公的公职廉洁环境，表现出廉政文化的核心的内容。社会廉政文化、政府廉政文化和公职廉政文化，这三者之间密不可分，相互交融、相互影响、相互制约，是不可拆分的整体。

廉政文化在战略发展上的地位是非常重要的，能够指导廉洁文化的发展。廉洁教育体现了廉政文化，能够有效地传播廉政文化，在廉政文化建设中具有很大的影响力。运用廉政文化的吸引力、凝聚力、冲击力和渗透力，净化廉洁环境，推动廉洁教育的快速发展。在大学生廉洁教育中，廉政文化和社会道德规范的理论内涵，对大学生的发展起到了重大的作用，利用廉政文化潜移默化的影响，在不知不觉间引导大学生的价值观向着正确的方向发展，把他们的价值观转化成对人格的升华。中华民族具有悠久的历史，文化底蕴深厚，

有许多不朽的廉洁文化遗产被广泛地传播。历代的思想家、政治家和文学家在这方面的经典表达，是中华民族廉洁文化的重要组成部分。中国历史上有很多典范人物，如包拯、海瑞等，他们不仅言行一致，还留下了很多脍炙人口的诗篇与文章；此外还有许多我们耳熟能详的廉洁格言，为廉洁文化的宣传做出了重大的贡献。

加强大学生廉洁教育，不仅可以提高大学生的反腐拒变能力，还可以打下坚实的廉洁社会建设基石，同时可以在全社会营造一种廉洁的环境，推动廉政建设的发展，完善国家廉洁体系。廉洁文化的广泛传播，将更好地继承中华民族的廉洁文化，弘扬中华民族的传统美德。

（二）大学生廉洁教育是建设社会主义核心价值体系的必然要求

加强大学生廉洁教育，不仅对传承传统文化具有重要作用，而且对建设社会主义核心价值体系也有重要作用。在高校思想政治教育之中，社会主义核心价值体系为其主要教育内容，在思想教育方面发挥着指导作用。在我国的整体社会价值体系中，对大学生开展廉洁教育，以邓小平理论和“三个代表”重要思想为指导，全面落实科学发展观，切实贯彻《建立健全教育、制度、监督并重的惩治和预防腐败体系实施纲要》精神，以社会主义核心价值体系为根本，以社会主义荣辱观为主线，遵循学校教育、教学规律和青年学生成长、成才规律，突出重点，整体推进，把廉洁教育作为实施素质教育的重要内容，促进青年学生健康成长，努力培养中国特色社会主义事业的合格建设者和可靠接班人。

在宣传社会主义先进文化时，高校是宣传的前沿阵地，意义重大，高等院校必须将大学生的廉洁教育看成高等教育的一部分，将廉洁文化引入校园，提高相关人员对廉洁教育的重视程度。在开展高校思想政治教育时，必须探索新的手段、方法来推动廉洁教育的开展，挖掘和发展学生的正确思想意识。就当前大学生的思想状况和我国的反腐倡廉状况而言，大学生廉洁教育之路势在必行，是我们达成目的最有效的方式。廉洁教育不仅为我国未来人才培养奠定了坚实的思想基础，而且将成为大学生思想政治教育的重要组成部分。着眼于以后的发展，大学生廉洁教育将在思想政治教育中发挥重要作用，并且成为社会主义人才培养的一项重要工程，它将被推向大学乃至整个社会，并且是社会主义核心价值体系的重要组成部分和有效补充。开展高校大学生廉洁教育是对社会主义核心价值体系的必要完善，有助于推动我国社会主义核心价值体系的建设。

（三）大学生廉洁教育是完善高校德育体系的重要内容

道德教育是教育的核心和精髓所在，是完善大学生人生观和价值观的重要途径。如今的高校德育体系包括爱国主义教育、集体主义教育、人文社会道德教育、理想主义教育、劳动教育、自觉的学科教育、民主法制观念教育、科学世界观和人生观教育等内容。改革开放以来，虽然我国在道德教育体系建设方面取得了一些进展，但随着社会经济的发展、科技的进步，特别是高等教育的普及，道德教育体系仍需不断完善和发展。由于我国反腐斗争的严峻形势以及社会拜金主义和享乐主义的不断发展，毫无疑问，大学生廉洁教育弥补了高校德育体系的不足。

在大学生道德教育过程中，在培养大学生正确的人生观和价值观过程中，廉洁教育的作用不可替代，其有利于推动我国高校道德教育体系建设的前进与发展。高校承担着人才培养、科学研究、社会服务和文化传承四项重要任务，是国家和社会培养高素质人才的重要环节。作为国家未来社会发展的重要力量，大学生的思想道德素质将直接影响中华民族的整体道德素质，直接影响中华民族伟大事业的成败。

廉洁教育是中华民族传统伦理与新时代伦理相结合的产物。这是当代社会主义核心价值观的必然表现，也是当代大学生思想政治教育的重要组成部分。大学生进入社会前的廉洁教育有助于引导和培养积极健康的理想、道德价值观、法律意识和社会责任。培养良好的思想道德，有助于形成和巩固健康人格，提高他们的整体素质。进入社会后，面对各种利益的诱惑，他们可以诚实自律，抵制腐败。所以，进一步加强和改进大学生思想政治教育，培养合格的党的事业接班人是客观需要，也是高校思想政治教育不可缺少的内容之一。通过对大学生进行廉洁教育，实现国家对青年一代的培养目标。

（四）大学生廉洁教育是确保大学生健康成长的防腐剂

大学生作为国家的建设者、接班人以及未来社会的支柱，其人生观、价值观、世界观正处在形成阶段，对于大学生这方面的特点，许多专家学者都做出了大量论述，在此不多做赘述。大学生在当前社会、未来社会的地位和作用将更加凸显，大学生发挥作用的舞台和空间将更加广阔。美国人类学家玛格丽特·米德（ Margaret Gautier ），将整个人类社会分为三个时期，即前喻文化、并喻文化、后喻文化。

前喻文化，即所谓的“老年文化”，是传统社会的基本特征，主要表现为年青一代向年长一代学习。并喻文化是前喻文化崩溃时的一种过渡文化，主要表明年青一代和年长一代的学习发生在同龄人之间。后喻文化，也称之为“青年文化”，是一种与前喻文化相悖的文化交流过程，即年青一代向前人传播知识和文化的过程。基于当前的社会现实，我国当前处于前喻文化向并喻文化过渡阶段，将迅速转向后喻文化。再加上大学生的内在优势，大学生在社会中的作用将更加明显，其地位也将更加突出。大学生身份的重要性决定了大学生健康成长的重要性。新加坡前总理李光耀先生曾指出，中国在 21 世纪的发展取决于三个条件。一是中国的下一代是否有信仰，二是中国的下一代是否有责任感，三是中国的下一代能否实现廉洁政府。因此，大学生诚信教育是推动下一代廉政建设的前瞻性教育，不仅对大学生的健康成长具有重要意义，而且对中国未来社会的健康、和谐与发展都具有现实而深远的意义。当前，大部分大学生具有基本的廉洁意识，但仍有部分学生意识模糊，原则性不强，明辨是非能力较弱，大学生廉洁教育仍然十分必要，且任重道远。在此，主要从以下两方面分析大学生的廉洁教育。

1. 洗涤大学生中的腐败亚文化

校园亚文化相对于校园主流文化，是一个相对独立的系统，有着丰富多彩的表现形式。从价值评判角度，一般可以简单地将校园亚文化分为良性亚文化、中性亚文化以及恶性亚文化三种。大学生校园亚文化既受大学生主流文化的影响，又是社会大环境作用的结果与投射，它在一定程度上反映了大学生对人生、国家、社会的认识，是大学生人生观、价值观的重要体现。

大学校园腐败亚文化属于恶性文化的范畴。从本质上看，这种腐败亚文化与大学生的廉洁文化是相冲突的，是大学校园腐败现象的重要表现。同时，这种腐败亚文化又是社会腐败文化在大学校园的一种直接或间接的投射和反映，它往往具有自我增强和恶化变异的特性，会逐渐侵蚀大学生廉洁文化，从而造成一种恶性循环。大学校园腐败亚文化表现形式多样，主要表现为：一些学生廉洁意识淡薄，不能正确认识社会上的腐败现象，甚至对腐败行为抱有侥幸心理，对一些腐败现象表示理解、同情和认可；还有一些学生存在逃课、作弊、学术造假、违纪等不诚信的现象和行为；还有一些学生在干部竞选、评优评奖、入党等关系自身利益的情况下，以“走关系”、拉票等不正当竞争手段达到目的；还有一些学生党员、干部忘了为同学服务的基本准则，权力欲望膨胀，具有形式主义、官僚主义、享乐主义倾向等。

对大学校园中的这些腐败亚文化，广大教育工作者，特别是专职从事大学生思想政治教育的教师，必须予以及时的抵制和有效的引导。通过在大学生中开展“以廉洁为荣、以不廉洁为耻”等多种形式的思想政治教育、职业道德教育，有效地涤荡存在于部分大学生中的腐败亚文化，去恶扬善，让廉洁文化浸润每个大学生的思想和灵魂，为建设健康、和谐、可持续发展的校园生态文明打下基础。

2. 增强大学生抗腐败的能力

大学生廉洁教育为大学生打了防腐败的预防针，增强了其抗腐败的免疫力和“抗体”。大学生廉洁教育承接中小学生廉洁教育，是中小学生廉洁教育的延续和深化，同时又是大学生步入社会各行各业之前学校廉洁教育的最后环节，有利于培养大学生的反腐倡廉意识。为其注入预防腐败的疫苗，使其无论在校学习期间还是步入社会、走上工作岗位，都能做到遵纪守法、廉洁做人、廉洁做事、廉洁从业，干干净净为人民服务。

继“59 岁现象”之后又出现了“26 岁现象”，它表明腐败已不分年龄，腐败现象已渗透到青年群体。“26 岁现象”是 2000 年北京市海淀区人民检察院的李继华在他的一份调查研究报告中首次使用的，他把贪污贿赂、挪用公款等的腐败主体中不满 30 岁的犯罪嫌疑人比例越来越高的现象称为“26 岁现象”，其实质是腐败群体已经倾向年轻化。该调研报告将“26 岁现象”的犯罪原因归纳为八点：第一点，错误的金钱观影响；第二点，为了实现自我价值不择手段；第三点，人生阅历浅薄；第四点，法律意识欠缺，为家人解决困难；第五点，社会环境使年轻人盲目追求高消费；第六点，单位忽视了对 30 岁以下公职人员的法制教育；第七点，规章制度不健全，监督制约机制缺乏；第八点，一些年轻人交友不慎，人格不健全。“26 岁现象”既为即将步入社会的大学生敲响了警钟，也为大学生廉洁教育敲响了警钟并提出了更高的要求，凸显了大学生廉洁教育对于大学生将来健康成长和发展的重要性和必要性。综合起来，大学生廉洁教育是反腐倡廉教育立足当前现实、面向未来社会的重要组成部分，是加强党的建设和思想道德教育的必然要求和应有之义。

（五）大学生廉洁教育是确保高校培养目标的实现

高校是与社会直接相关的人才培养平台。大学生将从这里走向社会，接受社会的选拔和检验，成为党政机关、企事业单位的领导者、管理者和主力军。廉洁教育是高校德育不可或缺的重要组成部分，是落实《中共中央关于进一步加强和改进大学生思想政治教育的意见》的重要途径。

在高校的教育过程中，大学生廉洁教育仍然是一个薄弱环节。过去，大学生的廉洁教育一直没有得到足够的重视，导致学校没有廉洁教育机制，高等教育工作者对大学生的廉洁教育不太了解，没有形成一个体系。如今，积极推进大学生廉洁教育，逐步形成大学生廉洁教育的目标，是大学生廉洁教育的重要实践，是丰富和完善高校德育内容体系的迫切需要。大学生正处于世界观、人生观和价值观形成的关键时期，这一时期的教育对大学生的健康成长起着至关重要的作用，廉洁教育是培养大学生成为优秀人才、成为社会主义真正接班人的基本原则之一，是大学生思想道德教育的重要组成部分，是加强和改进大学生思想政治教育不可或缺的重要组成部分。高校开展大学生廉洁教育，不断增强廉洁意识，增强辨别是非能力，使其可以在市场经济复杂环境中自觉抵御恶劣气氛的侵蚀，养成良好的行为习惯，增强人格的修养能力。实现大学生思想政治教育，目的是帮助大多数大学生不断提高思想道德素质。

在如今这个时代，大多数大学生的世界观、人生观和价值观都是积极的。大部分大学生将人类和社会的奉献精神视为衡量生命价值的准绳，他们严格要求自己的学习、工作和生活，他们渴望学习更多的技能，为社会主义现代化做出更大的贡献。他们中的大多数人都对腐败感到痛苦，他们必须通过廉洁的教育来保护自己的宝贵品质；同时，必须帮助大学生充分意识依靠政府和国家来惩治和预防腐败是绝对可行的。但是，由于我国处于市场经济发展的初级阶段和新旧体制的过渡时期，市场运行规律和制度仍然不健全，特别是近年来，某些行业中的不良行为、一些党的领导干部的腐败行为，逐渐暴露出来。此外，一些庸俗哲学对社会的影响和腐败文化的诱惑使一些大学生难以区分是非，使他们更加追名和逐利。此外，父母给老师送礼物、在学校之外宴请老师，招生中的渎职行为和违纪行为、就业关系网等，这些行为直接误导了大学生的价值判断，并强化了大学生的错误观念，加深了对“权力与金钱交易”与“关系哲学”的误解。一些大学生在政治信仰、理想信念含糊不清，价值取向失真，诚信缺失，道德标准下降，甚至心态失衡等方面存在不同程度的混淆。如果我们对此放手不管，让这些意识形态扎根并在大学生成长过程中得到滋生，在他们踏入社会并接触真正的公共权力和利益时，后果将是不堪设想的。

在剽窃、迟到缺勤、考试欺诈、破坏书籍和公共资源、盗窃公共财产、借钱消费以及违反学校规章制度的腐败行为和现象影响下，大学生的思想观念已发生了深刻的变化。对于这些事件的发生，可能变得司空见惯，并且已经成为未来腐败的隐患，所以说，有必要通过反腐倡廉教育，帮助大学生了解政府打击腐败，推进廉政建设的安排、方针和原则，正确认识反腐形势，养成正确的三观，抵制腐败的侵蚀，对未来充满信心。帮助大学生清醒地意识到，随着市场经济体制的建立和完善，未来社会将成为一个人才和知识竞争激烈的社会，依靠不公平竞争，如拉关系、走后门、寻靠山、贿赂等，在日益激烈的人才竞争中，是不可能站稳脚跟的。只有在观念正常的情况下，才能改善校园氛围；只有学习风气积极，学生综合素质才能得到提高；只有整体素质提高了，他们才能成为真正的人才，成为一名合格的社会主义接班人。

第四节　高校大学生就业教育

一、什么是就业

就业是劳动者同生产资料相结合，从事一定的社会劳动并取得经济收入的活动。大学生就业就是指大学毕业生得到职业、参加工作，即从学生向劳动者的过渡，它反映了教育学习和职业实践之间的联系。

二、大学生就业指导的基本含义

大学生就业指导就是要帮助大学毕业生认识和适应就业这个过渡过程，并解决好流动中的问题。大学生就业指导，不单纯是帮助大学生选择职业，求得一份工作，也是帮助大学生预测社会的需求状况，传递就业信息，让他们掌握正确的择业方法，为他们解决就业过程中遇到的问题，开办就业市场，组织“供需见面”“双向选择”招聘会，从而达到适应环境、成功地走向社会并为社会做贡献的目的。

三、选择正确的择业观与创业观

（一）树立正确的择业观

1. 先就业，后择业

中国人向来视稳定为生活的重要条件，在计划经济条件下一次就业定终身的观念，经过历史的积淀便形成了具有普遍性的就业心理。而现在社会为人们提供了独立发展的空间，市场经济配置人力资源的特征是人才的合理流动。资金、商品要流动，同样人力资源也要流动。毕业生不要急于在短时间内找一个固定的“铁饭碗”，而要学会在流动中求生存、求发展。人事制度改革的不断完善，为毕业生的流动就业创造了条件。近年来，一部分毕业生，特别是部分专科和中专毕业生，不再强求找一个固定的就业单位，而是毕业时将人事关系托管在工作地的人才交流中心，哪里找到工作，就在哪里就业，发挥才干。因此，毕业生要树立不断进取的流动观念并学会在流动中发现机会、抓住机会、把握机会。

2. 勇于面对竞争

社会主义市场经济最显著的特点之一是竞争。竞争可以激发人们自立、自强、自主的精神，调动人的内在潜能，增强工作和社会活动的能力。人才市场同样存在激烈的竞争。面对就业竞争的现实，毕业生应当改变被动依赖、消极等待的状况，敢于竞争，树立“爱拼才会赢”的观念，做好多方面的竞争准备。

全国每年都有上百万名毕业生要在一定时间内实现就业，这使每一个毕业生都有一定的压力。如果没有强烈的竞争意识，不把外在的压力转化为内在的动力，没有主动竞争的思想准备和积极参与应聘的行为，显然是难以顺利毕业的。人才市场上的供需关系总会存在这样或那样的不平衡之处，同一种职业往往有较多的择业者期望获得，择业者要想实现自己的期望目标唯有竞争。

有竞争就有风险，参与竞争就难免要受到挫折。对于就业竞争中的毕业生来说，尤其要注意提高遭受挫折后的心理承受能力，把挫折看成是锻炼意志、增强能力的好机会。保持良好的竞争心态，主动摆脱受到挫折后的颓废情绪，要认真分析失败的原因，调整自己的心态和择业目标，鼓足勇气，争取新的机会，绝不能因此而灰心丧气、一蹶不振。

3. 提高综合素质

在毕业生就业市场，经常看到不少毕业生为了各种各样的原因盲目放弃专业，盲目追求热门职业而忽视专业特点。在选择就业岗位时一定要慎重考虑，现代科技发展使知识更新周期大大缩短，某些专业，如果改行一两年后再重操原专业是相当困难的。专业知识是一个人知识结构的主干，是知识体系的主体，而专长则是知识结构的枝干，是知识体系的外延。知识结构主干决定了就业的适用范围。虽然我们不提倡绝对的专业对口，但应考虑所掌握主体知识的适应性及所具专长的扩展面。因此，毕业生择业时首先要考虑所学的专业，根据专业特点谋求职业，以做到专业特点与职业要求相匹配，发挥专业优势。事实上，有些用人单位更加注重毕业生的综合素质。他们坚持这样的理念：只要给每位毕业生以同等的机会，他们都会尽力做得最好。事实证明这是科学、明智的用人之举。因此，毕业生应善于把握机会、认真分析，做出符合自身特点的选择。

（二）树立正确的创业观

1. 要有敢于创业的勇气

创业需要有信心，只要经过充分的论证，选准了的事情就要咬定不放，不动摇、不犹豫，勇于面对前进中的曲折和磨难；创业需要有恒心，要持之以恒，不怕各种挫折，失败了爬起来再干，终有一天会成功；创业需要有耐心，事业不是一帆风顺的，必然要经历一个长期积累、长期发展的过程，在不断熟悉社会、适应市场的过程中，才能驾驭事业的航船乘风破浪；创业更需要有知识，特别是高科技知识。

创业最能体现人生价值和个人能力。创业不是坐享其成，因循守旧、因人成事，而是个人才智最大限度地发挥，把人的所有潜能都挖掘出来。创业有时候需要孤军作战，不被亲朋好友所认可，不被社会一下子认可。挫折、焦虑、愤怒、自卑、怀疑……种种感受像打翻了的五味瓶，什么都得品尝，什么都得体验。

2. 要提高创业能力

创业是一个系统工程，它要求创业者在企业定位、战略策划、产权关系、市场营销、生产组织、团队组建、财务体系等一系列领域有一定的知识积累。大学生有了好的项目或想法，只是代表“创业的长征路”刚跨出了一步。很多大学生认为，凭一个好的想法与创意就代表一定能创业成功，而在创业准备过程中对可能遇到的问题准备不充分或根本就没有思考对策与设计好退出机制，所以对来自各方面的反面因素浑然不知，从而导致一开始便遇到各种各样的难题，使创业还没有走出多远，即以失败告终。所以创业者不是全才，但要努力成为全才。

参考文献

[1] 胡在东，宋珊，杨文 . 大学生思想政治教育模式与方法创新 [M]. 北京：九州出版社，2018.

[2] 王楠 . 大学生思想政治教育创新研究 [M]. 延吉：延边大学出版社，2017.

[3] 周成军 . 大学生思想政治教育与创新创业 [M]. 北京：光明日报出版社，2016.

[4] 闫晓静 . 大学生思想政治教育创新研究 [M]. 成都：电子科技大学出版社，2017.

[5] 史庆伟 . 大学生思想政治教育管理与实践研究 [M]. 天津：天津教育出版社，2015.

[6] 简冬秋，孟广普 . 大学生思想政治教育方法新论 [M]. 沈阳：辽海出版社，2019.

[7] 董晓蕾 . 大学生思想政治教育方法的理论与实践研究 [M]. 北京：北京师范大学出版社，2018.

[8] 徐建军 . 大学生网络思想政治教育理论与方法 [M]. 北京：人民出版社，2010.

[9] 戴丽红 . 当代大学生思想政治教育创新探索 [M]. 成都：电子科技大学出版社，2016.

[10] 刘便花 . 高校大学生思想政治教育创新与实践研究 [M]. 北京：国家行政学院出版社，2017.

[11] 黄慧琳 . 高校大学生思想政治教育与创新能力培养探索 [M]. 成都：电子科技大学出版社，2017.

[12] 崔付荣 . 新时代大学生思想政治教育创新发展研究 [M]. 北京：新华出版社，2018.